Michael Böhles

KÖNIGS KREUZ UND FISCHERNETZ

Biblisch-theologische Spekulationen
zu J.K. Rowlings „Harry Potter"-Saga
aus pastoralpsychologischer Sicht

Impressum: **KÖNIGS KREUTZ UND FISCHERNETZ**

Biblisch-theologische Spekulationen
zu J.K. Rowlings „Harry-Potter"-Saga
aus pastoralpsychologischer Sicht

Autor: © 2021, Michael Böhles

Herausgeber: Hans-Jürgen Sträter

2017 – Neuauflage als Überarbeitung von
„WISSEN SCHAFFT MACHT?..."
2022 – 3. Auflage
ISBN 978-3-755785-97-2

Herstellung und Verlag: BoD – Books on Demand, Norderstedt

Einband: Daniel J. Radcliffe (Titelbild)
              Rückseite Radierung von Ernst Fuchs (Private: 70/9999).

„Man kreuzt nicht zweimal den Weg einer Intuition; die eben geborene Idee wird stets ein wenig welk, wenn sie sich in Sprache kleidet und sich in Dialektik verwandelt. Wenn es jedoch nötig ist, Wahrheiten untereinander zu verknüpfen, so darf die Wahrheit doch nicht an Ketten gelegt werden.“

Marguerite Teillard-Chambon [1]

VORWORT.

Das hier vorgelegte pastoralpsychologische Exposé versteht sich als Wissenschaftliche Problemstudie in Form einer Material-Sammlung, die das globale Phänomen der Rowlingschen „Harry Potter"-Saga auszuleuchten versucht. Es sind 20 Jahre her, da die Autorin den ersten Band ihrer Septologie veröffentlichen konnte.

Da alles, was ist, auch aus seiner Umkehrung heraus erkannt werden kann, wurde der Begriff „Spekulationen" ganz bewusst als Hilfsmittel von Erkenntnis-Findung eingeführt (das deutsche Fremdwort leitet sich ab vom lateinischen Begriff „speculum" - „Spiegel"- und ermöglicht also „Spiegelungen", völlig neutral).

Gleich im ersten Buch [2] führt die Autorin selbst einen Spiegel namens „Nerhegeb" ein, der in Umkehrung „Begehren" heißt. Er ermöglicht am Ende eine Fall-Auflösung ganz besonderer Art, da er auch als Medium dient für „Transportation": der von Harrys Gegner dringend gesuchte „Stein der Weisen" landet in Harrys Hosentasche, den sein Widersacher - der dunkle Lord - mit Hilfe seines Mediums rauben will.

Der dabei mit-beschriebene Konflikt zwischen „Gut" und „Böse" stellt bereits „über Kreuz" ein ethisch-moralisches, weil Ziel-gerichtetes Handeln vor: denn „gut" nennen wir, was uns zu demselben hinführt und es erreichen lässt; als „böse" bezeichnen wir, was uns davon abhält bzw. Umwege und Verzögerungen besorgt.

Diese Thematik durchzieht sämtliche Potter-Romane, insofern dieselben – in stets abgewandelten Begebenheiten – das gleiche, eine Ziel beseelt: das Böse (Sache, Situation) und den Bösen (in Personen) zu überwinden, um dem Guten mit Hilfe der Guten zum Sieg zu verhelfen: Harry Potter ist der Repräsentant des Guten – Lord Voldemort der des Bösen. Person und „Unperson" („der, dessen Name nicht genannt werden darf") stehen einander gegenüber auch als Vertreter des Humanen bzw. Inhumanen.

Ausgehend von diesen grundsätzlichen Beobachtungen verdankt sich die Beschäftigung mit J. K. Rowlings Roman-Welt u.a. auch diesen Veranlassungen:

- In seinem filmischen Interview mit dem harmlosen Titel „Ein Jahr mit Joanne K.Rowling" [3] hat der britische Autor und Filmemacher James Runcie [4] behutsam und einfühlsam versucht, der Frage, was denn wohl den weltweiten Erfolg der Bücher und deren Verfilmungen ausmache, nachzuspüren. Er ging auch persönlichen wie religiösen Fragen nach – obgleich letztere im Werk so gut wie gar keine Rolle spielen (höchstens erkennbar in Gebäuden, an Orten und Festen usw.).

- Die in Bremen lebende Autorin Karin Nitzschmann [5] hat in ihrer Publikation [6] eine Analyse versucht; dass ihr dabei nicht ganz wohl war aufgrund ihrer eigenen Ambivalenz gegenüber diesem Welterfolg [7], gibt sie ehrlich zu erkennen [8]. Sie erkennt pädagogische Fragwürdigkeiten.

- Die Veröffentlichungen von Jörg Knobloch [9] (als wohl erfahrener Pädagoge stuft er diese „Saga" als besondere, - endlich wieder?! - zum Lesen anregende Lektüre ein) spiegeln eine engagierte Auseinandersetzung mit dem Gesamtstoff wider; die vielfältigen Verflechtungen gerade im besonderen Milieu „Internatsschule" erregen die Aufmerksamkeit. Er thematisiert auch einen „Harry-Potter-Kult" (dessen Faszination vor allem im Gebrauch der Zauberstäbe „rituell" ansichtig wird).

- Die Bibel kennt Magie: daher bietet sich die Würdigung der „Heiligen Drei Könige"/„Magier" („magoi") förmlich an: denn 2014 gedachte das Erzbistum Köln Ihrer mit einer 850-Jahrfeier (Übertragung der Gebeine von Mailand nach Köln, von Dom zu Dom!) und ehrte sie als „Weise aus dem Morgenland", die in Bethlehem dem Jesus-Knaben huldigten als neugeborenem „König der Juden") und gleichsam den Sinn des Pilgerns erfüllen.

Die Brücke zwischen Rowlings Roman-Welt und der Bibel bildet hier „der Junge, der überlebt hat"- „the boy who lived": da Harry Potter, dort Moses und Jesus Christus...

Der weltweite Erfolg wirft eine zentrale Frage auf: Hat J.K. Rowling mit ihrer „Töpferarbeit" die Welt-Religionen (wie Judentum, Christentum) beiseite gestellt oder gar abgeschafft mittels „Geburt" einer völlig neuen „Religiosität", oder nur eine lange übersehene Realität (Magie!) wieder hervorgekehrt? Denn „Religiosität liegt in der Natur des Menschen fest begründet und verankert" – sie ist und bleibt d a s „Politikum schlechthin"?!

J.K. Rowlings Held wächst in einer trivial- bürgerlichen Welt
auf. Er weiß nicht, woher er kommt und wohin er gehen soll.
Seine Verwandtschaft duldet ihn mehr, als dass sie ihn achtet und
schätzt. Erst mit der Einladung nach Hogwarts in die Schule für
Zauberei und Hexerei — durch den Halbriesen Hagrid endlich
„zustellbar" geworden! - erfährt er an seinem 11. Geburtstag
Näheres über seine Herkunft und „Bestimmung". Das macht ihn
neugierig....

Natürliche Neugier ist das Fundament für den „Wissensdurst"
des Menschen, Dingen nachzuspüren, sie möglichst spielerisch
zu er-fassen, um sich dabei leiten zu lassen von Erlebnissen, Er-
fahrungen und Einsichten via Intuitionen („Ein-Gebungen"),
Imaginationen („Ein-Bildungen") und Illusionen („Ein-Leucht-
ungen") [10]. Damit kommt der schöpferischen Phantasie quasi eine
„Hebammen-Funktion" zu?! Dies ursprünglich neutrale Suchen
und Finden wird hernach systematisch mittels „Werte-Einbau"
transformiert...

Deshalb werden in dieser Studie bewusst Wort-Trennungen als
Stilmittel verwendet im Sinne von neutralen Denk-Anstößen:
die halten auf und machen verweilen im Nach-Denken über den
Ur-Sprung eines Begriffes, um dessen Be-Deutung nahe zu
kommen - wörtlich [11]. Gleichsam eine „Detektiv-Arbeit"?

„Intuition ist die Quelle der Phantasie". In der Rowling-Saga
erweist sie ihren „schöpferischen Nutzen"; Imagination kleidet
diesen aus gleich der Einfassung eines Brunnens, den man
„illusorisch" nutzen kann. Be-Bilderung als „Schöpfungs-Akt" ist
„optimal ein-leuchtend"! (cf. Märchen, Science-Fiction usw.!)

Im schöpferischen Tun erfährt sich der Mensch als ein Geschöpf via Geist (Innen), Seele (Psyche) und Leib (Außen) mittels Er-Fahrung von Sinn, Sinnlichkeit und Sinnhaftigkeit [12]. Daraus erwächst ihm sein Be- bzw./und Ge-Wußt-Sein: „beseelte Geist-Körperlichkeit" – aktiv wie passiv...

Eingebunden in Natur und Umwelt versucht der Mensch sich „mit allen Mitteln" systematisch zu er-fassen (Religion, Kultur, Kunst, Wissenschaft, Technik, Magie usw.) [13] – und auszusagen in Wort, Bild, Ton, Zahl. Und erkennt dabei ganz allmählich: Vergangenheit ohne Zukunft ist tot und eine Zukunft ohne Vergangenheit ist blind. Sehend, hörend, verstehend wird man nur in der jeweiligen Gegen-Wart (gleichsam punktuell verdichtet in Raum und Zeit) mittels Er-Innerung [14]... (Bei J.K. Rowling ist deshalb der Name „Harry Potter" auch ein Programm – gerade weil es sich um einen „Allerwelts-Namen" handelt - zu deutsch etwa: „Heinz Töpfer"). Ist Wissen also „machbar"?

Im Verlauf der hier referierten „Quer-Lesungen" wird sich zeigen, dass Rowlings Roman-Welt durch und durch religiös verstehbar ist [15] gerade in ihrer säkularen Ein-Kleidung [16]. Und damit Perspektiven, Einsichten und Verbindungen eröffnet, mit denen s o kaum einer „gerechnet" hat, gerade aus jüdischer wie christlicher Sicht? [17] (Das gilt auch für die große Internats-Schule „Hogwarts", die in ihren Gebäulichkeiten anmutet wie eine alte Klosterschule – „Aus-Druck" von religiös-kulturellem Erbe [18], um als Fuß-Boden für das Wissen schaffende Bemühen von Lehrenden und Lernenden im Bewusst-Seins-Aufstieg der Menschheit zu dienen.) Schafft Wissen Macht – auch religiös gesehen?

Wer der Ziel-Richtung „Empor im Voran!" folgt, will Erfolg haben - was voraussetzt, dass man Wissen „folge-richtig" in die Tat umsetzen kann. Wenn das gelingt, hat man „Glück gehabt"; das in Praxis um-gesetzte Wissen gilt als „geglückt" (Gelingen hat folglich wortspielerisch auch mit Glück zu tun?)…

Die Problemstudie umfasst drei Hauptabschnitte: Im ersten Teil wird die „Harry Potter"-Romanwelt vorgestellt und mit Hilfe ausgewählter Texte indirekt zur Bibel hin eröffnet. Der zweite Teil greift einige biblische Themen auf, die Bezüge zu Rowlings Roman-Welt ermöglichen. Mit dem dritten Teil werden gewisse „Selbstverständlichkeiten" skizziert mit Hilfe des modernen „Lateins" - der Zahlensprache der Mathematik.

„Zwischen Alpha und Omega" [19] finden sich einige Perspektiven ein, die zu einem tieferen Verstehen unserer heutigen „Welten-Stunde" [20] führen könnten; wobei der jüngste „Denk-An-Stoß" vom Hauptdarsteller der Filme [21] höchst-selbst geliefert worden ist:

ZDF - TEXT MAGAZIN   [P 802 - 03.05.2016]

"HARRY POTTER"-DARSTELLER DANIEL RADCLIFFE GLAUBT NICHT AN GOTT. "NEIN, ICH GLAUBE WEDER AN GOTT NOCH AN EINE ANDERE ÜBERGEORDNETE INSTANZ. ODER AN EIN LEBEN NACH DEM TOD", SAGTE DER BRITISCHE SCHAUSPIELER IN EINEM INTERVIEW IN DER ZEITSCHRIFT "FREUNDIN". ER SEI ABER KEIN PESSIMIST, BETONT RADCLIFFE. ER GLAUBE DARAN, DASS "DAS LEBEN EIN UNGLAUBLICHES GESCHENK IST, DAS WIR VERDAMMT NOCHMAL - ENTSCHULDIGEN SIE DIE AUS-DRUCKSWEISE - SO GUT WIE MÖGLICH NUTZEN SOLLTEN". ER RESPEKTIERE, WENN ANDERE MENSCHEN RELIGIÖS SIND.

Daniel Jacob Radcliffe (väterlicherseits) — Gresham (mütter-
licherseits) [22] relativierte seinen „Respekt" allerdings, insofern er
nach Abschluss sämtlicher Dreharbeiten für die acht Filme alle
Welt wissen ließ, dass seiner Meinung nach in der Schule der
Religions-Unterricht durch das Fach „Sexualkunde" ersetzt sein
sollte - wohl d i e Revolution für den Schulunterricht?! Seine
„Religion" wäre demnach S e x [23]?! Das von ihm zur Verfügung
gestellte Titel-Bild drückt diese „Protestation" sinnenfällig aus...

Tatsächlich gibt er nur wieder, was der heutige „moderne"
Zeitgeist medial in alle Welt „aus-strömt": der Glaube an einen
Schöpfer-Gott scheint überflüssig, zerrinnt „ins Nichts"? Theo
Lehmanns christliche Optik setzt dagegen: „Es gibt tausend
Gründe, an Gottes Liebe zu zweifeln. Es gibt einen einzigen, es
nicht zu tun: Jesus Christus." (Insofern stehen D. Radcliffe und
seinen „followern" noch alle Türen offen?) Immerhin: Daniel
Jacob (!) sei Dank, dass er eben dies mit sich selbst erinnert hat!
Aber mehr noch muss man dem Universal-Genie Michelangelo [24]
danken, der als Künstler mit sicherer und fester Hand in seinen
„sixtinischen" Gemälden kraftvoll und scham-los eine Wahrheit
ans Licht bringt, welche die hebräische Sprache im Singular noch
unter-scheidet mit „arom/arum" („weise/nackt"), im Plural mit
„aramim" (weise und nackt) aber ver-eint und „aus-ge-rechnet"
wieder zu Adam und Eva und damit zur biblischen Schöpfungs-
Erzählung hinführt, die hier „ganzheitlich gefragt" sind. [25]

[Auch Hildegard von Bingen [26] und Pierre Teilhard de Chardin [27]
vertreten eine ganzheitliche Schau des Mensch-Seins im Kosmos
— dazu gehören auch die Unsichtbaren! (Bei Hildegard führt der

„Wissens-Weg" über den Kosmos-Menschen hin zum Kosmos-Christus [28] in einem Netzwerk des Schauens und Denkens – die ganze Welt des Mittelalters wird hier summiert. Nichts ist dabei ausgeschlossen – auch die gefallene Geister-Welt nicht, als deren „Spezialgebiet" ja die Magie gilt?! Den Menschen vergleicht sie – ganz biblisch! – mit einem Baum, dessen „Ort" sie in der Schöpfung analog beschreibt [29]. Und wie die Pflanzenwelt dank der strahlenden Lichtkraft der Sonne im Blatt-Grün den lebenswichtigen Sauerstoff produziert und gleichzeitig Stickstoff abbinden lässt, so wirkt sich die Licht-Kraft des Schöpfer-Geistes als Motor bei Mensch und Natur aus und erhält sie lebendig.

Pierre Teilhard de Chardin, Paläontologe und Theologe, thematisiert seine Welt-Anschauung ganzheitlich als „organisch personalisiertes Netz-Werk": die innere Achse seiner Evolutions-Involutions-Theorie bestimmt eine unsichtbare Kraft, die „Amorisation", als Motor, welche den „Punkt Omega" anzielt: „das reinste Feuer ist das Licht und das reinste Licht ist der Geist", der die Materie formt und durchdringt.)]

Tatsächlich versteht J.K. Rowling ihre „Saga" als ganzheitlichen Versuch, „die Macht der Liebe" ans Licht zu bringen – motiviert durch deren Gefährdungen, die sie selbst kennen gelernt hat (weshalb man die ausgebildete Pädagogin wohl auch in der Gestalt des Schulleiters Albus Dumbledore „wiedererkennt" und seinem „Lehrstoff", der die Attraktivität der Potter-Bücher kennzeichnet - weltweit, „kugelrund"… - und nicht „nur" in der wissbegierigen Hermine?!).

In diesem Zusammenhang muss auch erinnert werden, dass Harry und die anderen Zauberschüler sichtbare „Instrumente" sind für das Wirken der „Unsichtbaren": „Der Zauberstab sucht sich den Zauberer" [30] lässt der Macher dieser Werkzeuge Harry wissen – und mutet damit Ungeahntes zu - was zwar zuerst dem kindlichen „All-Machts-Denken" schmeichelt, hernach aber umso mehr beunruhigt… „Magie ist Macht" – und daher fasziniert sie ebenso „gründlich" wie sie erschreckt und verängstigt (cf. die Darbietungen von „Illusionisten" wie z.B. der „Ehrlich-Brothers"). „Man muss nicht wissen, wie es funktioniert – Hauptsache, es funktioniert!"

Wer bestimmt da wen?!

In seiner Homilie zum Fest „Mariä Geburt" hob Papst Franziskus fein unterschieden (?) hervor: *„Gott ist nicht Zauberer, Er ist Schöpfer! Er bedeutet dem Menschen, in der Geschichte voranzugehen, Er macht ihn zum Verantwortlichen der Schöpfung, auch damit er die Schöpfung beherrscht, voranbringt und so zur Fülle der Zeiten gelangt…"* [31] Be-Herr-schung meint „Herr-Sein"…

Albert Einstein [32] war der Meinung, Wissenschaft ohne Religion sei lahm und Religion ohne Wissenschaft sei blind. Da muss man nur „in den Spiegel schauen"?! Tatsächlich hat er mit seinen wissenschaftlichen Erkenntnissen eine echte Brücke gebaut für das Verstehen des „Weltstoffes" [33] und dessen Transformations-Fähigkeit im Universum; für Teilhard ist diese Einsicht mit der „Kraft der Amorisation" [34] verknüpft, welche voran treibt [35] - religiös wie wissenschaftlich gesehen.

Biblisch-theologisch lässt sich zusammenfassend sagen, dass J. K. Rowling keine „Parallel-Welt" erfunden hat, die nicht mit der Bibel „kompatibel" wäre. Ihr „Universum" beginnt – um klar zu sehen! – mit „Kings Cross" als „Kopf-Bahnhof" und endet in Hogwarts als Durchgangs-Station „19 Jahre später"... - mit offener Ziel-Vor-Stellung?!

Da jede Bewertung abhängig ist vom Auge des Betrachters, gilt auch hier: Was für die einen „tolle Unterhaltung"/„blendendes Geschäft" ist, gilt anderen mit Dumbledore als Weck-Ruf zu Wachsamkeit („Prophezeiungen als Waffen"). In beiden Fällen kann das Ziel nicht sein, „alles wie bisher" wertzuschätzen? Dieser Unterscheidung möchte diese Publikation dienen.

*

Anno 2016 überraschte J. K. Rowling ihre Fan-Gemeinde mit einem „8. Band" [„Harry Potter and the cursed child" - deutsch: „... und das verwunschene (verfluchte / verwünschte) Kind"]! Als echtes „Kuckucks-Ei-Buch" besitzt es keine wirklich innere Verbindung zur Septologie (weshalb dessen Wertschätzung den Theater-Leuten überlassen bleibt, für die es ja „ge-macht" ist)? Ebenso wenig werden die via Internet und Verlagswesen ab 2011 fassbaren Neu-Ausgaben der Bücher hier eigens behandelt. Die auf der Septologie basierenden Film-Übersetzungen behalten ihren eigenen Wert dank ihrer eigenen Drehbücher, führen aber nicht über die Roman-Welt der Autorin hinaus...

14

INHALT

KAPITEL I.   WISSENSDURST ?

> „Die Wahrheit ist etwas Schönes
> und Schreckliches und sollte daher
> mit großer Umsicht behandelt
> werden..."[36]
>
> Albus Dumbledore

Joanne K. Rowling hatte die phantastische Welt ihres Helden
Harry Potter und seiner Freunde sowie deren Gegner über einen
Zeitraum von siebzehn Jahren (1990-2007) in sieben Bänden
niedergeschrieben. Der erste Band wurde 1997 gedruckt. Die
Septologie umfasst über viertausend Seiten; lässt man die Kapitel
einander folgen, so kommt man auf 198, die mit einem 199.
Beitrag „gekrönt" werden: nach neunzehn Jahren der Ruhe und
Verborgenheit geht es wie früher mit Hogwarts weiter...

Leider hat die deutsche Edition den einzelnen Büchern überhaupt
kein Inhalts-Verzeichnis vorangestellt; es fehlen die Kapitel-
Nummerierungen (immerhin kennt die englische Taschenbuch-
Ausgabe für jeden Band wenigstens eine solche), was für die hier
benutzten deutschen Ausgaben in der gebundenen Fassung [37] als
Mangel bezüglich Auswertungen empfunden wurde! Dadurch ist
Kritikern wie Befürwortern der Zugang nicht erleichtert, weil es

das Auffinden von Zusammenhängen erschwert, wenn es darum geht, Querverbindungen zu erkennen bzw. herzustellen. Aus interdisziplinärer Sicht eine recht mühsame und äußerst zeitaufwendige Angelegenheit! (Immerhin: die seit 2015 neu heraus gebrachten illustrierten Bücher haben diese Mängel nicht mehr!).

Um diese Behinderungen auszuräumen, werden die Bücher der Erst-Auflage hier im Nachfolgenden einzeln aufgeführt mitsamt Inhalts-Verzeichnissen Kapitel-Seitenzahlen-Angaben:

Zu den einzelnen Büchern: „Harry Potter und ...

HP 1   >   ... der Stein der Weisen".

HP 2   >   ... die Kammer des Schreckens".

HP 3   >   ... der Gefangene von Askaban".

HP 4   >   ... der Feuerkelch".

HP 5   >   ... der Orden des Phönix".

HP 6   >   ... der Halbblutprinz".

HP 7   >   ... die Heiligtümer des Todes".

(Die acht Filme sind hier kein Gegenstand dieser wissenschaftlichen Problemstudie! [38])

1   Die sieben Bücher der „Harry Potter"-Saga:

HP 1:   „Harry Potter und der Stein der Weisen".

HP 2: „Harry Potter und die Kammer des Schreckens".

22

HP 3:   „Harry Potter und der Gefangene von Askaban".

HP 4:   „Harry Potter und der Feuerkelch".

HP 5:   „Harry Potter und der Orden des Phönix".

26

HP 6:   „Harry Potter und der Halbblutprinz".

28

HP 7:   „Harry Potter und die Heiligtümer des Todes".

2   Text-Auszüge.

Eine der schlimmsten Schwächen des menschlichen Geistes ist es, das „Selbstverständliche" so selbstverständlich zu halten. Es ist ein Verdienst Rowlings, damit gründlich aufgeräumt zu haben: Religion und Magie sind zusammen gehörende Wirklichkeiten (Religion setzt nach Cicero den Glauben an Götter voraus – hier „verbergen" sie sich in den Zauberstäben!); das Religiöse ist in das Säkulare integriert und umgekehrt (cf. *„pottermore"* I-III [39] und Jörg Knoblochs Hinweis auf einen „Harry-Potter-Kult" [40]).

Die folgenden Auszüge aus den einzelnen Romanen sind zwar willkürlich, aber doch schwerpunktmäßig ausgewählt. In einem gewissen Sinn „pflegen" („kultivieren") sie Rowlings Gesamt-Thema „Liebe" und bilden zugleich den Übergang in der Rück-Bindung (lat.: „religio") ausgewählter Themen der Bibel, die hier für den Gesamtzusammenhang von Interesse sind.

a)   Der Waisenknabe und der Stein der Weisen.

Harry erfährt, dass er an seinem 11. Geburtstag „reif" geworden ist für den Besuch Hogwarts, der „Schule für Zauberei und Hexerei". Dorthin geht es vom Kopf-Bahnhof „Kings Cross" („Königs Kreuz") mit dem Zug, der von Gleis $9^{3/4}$ abfährt. Im Zug begegnet Harry Gleichaltrigen, darunter seinen baldigen „allerbesten Freunden" Ron und Hermine, die sich auszeichnen durch Wissbegier und Wagemut sowie Hilfsbereitschaft (was ihrem detektivischen Spürsinn nur förderlich ist!). Bei der Aufnahme werden sie alle drei dem Haus „Gryffindor" zugeteilt, dessen Wappen ein Löwe ziert.

Im Roman spielen Zu-Fälligkeiten oft genug eine entscheidende Rolle, so dass man sagen kann: was zufällig daher kommt, ist gerade jetzt f ä l l i g geworden und fällt einem zu – „ob es gefällt oder nicht"... Die damit verbundenen Rätsel wecken die Neugier und erscheinen als Aufgaben, die gelöst bzw. erledigt sein wollen. Dazu gehört auch der Spiegel „Nerhegeb"...

Sie stoßen auf Berichte zum „Stein der Weisen" [41] und bekommen mit, dass in die Gringotts-Bank eingebrochen worden war in eben jenes „Depot", welches Hagrid zusammen mit Harry auf dem Wege nach Hogwarts geleert hatte; sie vermuten einen Zusammenhang und suchen nun herauszufinden, was an dieser Sache dran ist.

Sie forschen in der Bibliothek nach entsprechender Aufklärung und stoßen dabei auf den Alchimisten Nicolas Flamel [42], der dort als der Erfinder und Hersteller eines solchen Steines bezeichnet ist. Wer einen solchen Stein hat, besitzt damit Unsterblichkeit und Ewiges Leben! Diese Auskunft elektrisiert sie ganz gewaltig und motiviert, ihre Recherchen fortzusetzen.

(Eben diesem Stein jagt – wie sich später herausstellt – der „Dunkle Lord" alias „Voldemort" hinterher...)

Hermine findet heraus: „… ‚*Nicolas Flamel… ist der e i n z i g e
b e k a n n t e   H e r s t e l l e r   d e s   S t e i n s   d e r   W e i s e n !…*‘
*Sie schob ihnen das Buch zu und Harry und Ron lasen: Die alte
Wissenschaft der Alchemie befasst sich mit der Herstellung des Steins der
Weisen, eines sagenhaften Stoffes mit erstaunlichen Kräften. Er
verwandelt jedes Metall in reines Gold. Auch zeugt er das Elixier des
Lebens, welches den, der es trinkt, unsterblich macht. Im Laufe der
Jahrhunderte gab es viele Berichte über den Stein der Weisen, doch der
einzige Stein, der heute existiert, gehört Mr. Nicolas Flamel, dem
angesehenen Alchimisten…, der im letzten Jahr seinen sechshundertund-
fünfundsechzigsten Geburtstag feierte…*“‘ [43]

Anders: Nicolas Flamel lebt hier im 666. Lebensjahr – das ist der
eigentliche „Code" zur Entschlüsselung sämtlicher Aufregungen
in Rowlings Septologie. Da diese „Schlüssel-Zahl" in der Apokalypse der Bibel vorkommt [44], gilt dieser Alchimist in besonderer
Weise als „Brückenschlag" hin zu den späteren Spekulationen…

Die Kinder begreifen, dass der Einbruch in die Gringotts-Bank
nur diesem Objekt gegolten haben kann! Sie verdächtigen Snape
der Täterschaft, erleben aber in der „Unter-Welt" von Hogwarts
ein ganz anderes Täter-Duo: Voldemort in Quirrel! Es kommt
zum Endkampf vor dem Spiegel „Nerhegeb" – Quirrel soll Harry
als „Pfadfinder" nutzen, der „*zuerst sein Spiegelbild, bleich und verängstigt*" sieht. „*Doch einen Augenblick später lächelte ihn das Spiegelbild an. Es schob die Hand in die Tasche und zog einen blutroten Stein
hervor. Es zwinkerte ihm zu und ließ den Stein in die Tasche zurück
gleiten – und in diesem Moment spürte Harry etwas Schweres in seine*

wirkliche Tasche fallen. Irgendwie – unfasslicherweise - b e s a ß e r
d e n S t e i n ." [45]

Dieser Vorgang ist ein „Versetzungs-Transport", welchen der
Spiegel ermöglicht hat: Harrys „Spiegelbild" als Gegenüber läßt
einen Unsichtbaren in seiner Gestalt „erscheinen" und handeln?
Die Inschrift des Spiegels sagt aus: „Nerhegeb zreh nied reba
ztiltna nied thcin" [46] – „Nicht dein Antlitz aber dein Herz
begehren" lautet die Devise [47] . (Wenn hier schon ein Vorgriff
erlaubt ist, so darf das Buch Tobit erwähnt werden!) Dazu erklärt
später A. Dumbledore seinem Schüler Harry:

„Der glücklichste Mensch auf der Erde könnte den Spiegel... wie einen
ganz normalen... verwenden, ...er würde in den Spiegel schauen und
sich genau so sehen, wie er ist... Er zeigt uns nicht mehr und nicht
weniger als unseren tiefsten, verzweifeltsten Herzenswunsch... Allerdings
gibt dieser Spiegel weder Wissen noch Wahrheit..." [48] Und ergänzt: *„Es*
ging nicht um den Stein, mein Junge, sondern um dich. Die Anstrengung
hat dich fast umgebracht. Einen schrecklichen Moment lang hielt ich dich
für tot. Und was den Stein angeht, er wurde zerstört..." [49]

Harry erinnert dem Schulleiter ein sonderbares Ereignis während
des Kampfes: *„Quirrel konnte seine nackte Haut nicht berühren, ohne*
schreckliche Schmerzen zu erleiden" – also war das seine einzige
Chance, diesen *„festzuhalten und ihm anhaltende Qualen zu bereiten,*
so dass er keinen Fluch aussprechen konnte" [50]. Daher ergriff er die
Flucht, während der „Haus-Besetzer" Voldemort sich von seinem
„Wirtskörper" trennen musste und entschwand.

Dumbledore sieht den Verruchten „*immer noch irgendwo da draußen, vielleicht auf der Suche nach einem anderen Körper, der ihn aufnimmt... weil er nicht wirklich lebendig ist, kann er nicht getötet werden. Quirrel hat er dem Tod überlassen; seinen Gefolgsleuten erweist er genauso wenig Gnade wie seinen Feinden...*" Denn was Voldemort vollkommen widerstrebt und widersteht, ist jene Macht, die er nicht besitzt und auch nicht erlangen kann: Liebe...

„*Deine Mutter ist gestorben, um dich zu retten... Er wusste nicht, dass eine Liebe, die so mächtig ist wie die deiner Mutter zu dir, ihren Stempel hinterlässt... so tief geliebt worden zu sein, selbst wenn der Mensch, der uns geliebt hat, nicht mehr da ist, wird uns immer ein wenig schützen. Es ist deine bloße Haut, die dich schützt. Quirrel, voll Hass, Gier und Ehrgeiz... konnte aus diesem Grunde dich nicht anrühren. Für ihn war es eine tödliche Qual, jemanden zu berühren, dem etwas so Wunderbares widerfahren ist.*" [51]

Der „Stein der Weisen" meint also das Herz aus Fleisch – dem die Versteinerungen wie Eifersucht, Hass und Neid samt Habgier fremd bleiben sollten, um zu l e b e n ... Deshalb ist Harry als „der Junge, der überlebt hat", im doppelten Sinne ein Gezeichne-ter: die Blitz-Einschlags-Narbe auf der Stirn konnte ihn nicht vergiften, weil seine nackte Haut von der mütterlichen Liebe gleich einer Schutz-Membran umhüllt ist (als Voldemort das Kind zu töten versuchte, warf sich die Mutter dazwischen: der Todes-Blitz prallte zurück und entleibte den Mordlüsternen [52]). Die Selbsthingabe der Mutter beschützte dieses Kind und ermöglichte ihm das Überleben!

b)   Bücher-Kult und Phönix-Flug.

Die Verdeutschung des englischen Titels „Harry Potter and the chamber of secrets" mit „... und die Kammer des Schreckens" dürfte den Sinn der Autorin wohl kaum korrekt wiedergeben? In dieser „Kammer von Geheimnissen" wird nämlich eine ganze Reihe von Zusammenhängen erkennbar, die vorher im Dunkeln verblieben waren: Es geht ja nicht nur um den Basilisken („Drachenschlange"!) als dem urzeitlichen Mördervieh, sondern auch um „Kommunikations-Techniken", die dem „Normalver-braucher" fremd sind - „Geheime Offenbarung"/„Apokalypse" von Hogwarts, die Angst und Schrecken verbreitet...

Im Zentrum dieses zweiten Romans steht die hohe Kunst der Ver-Führungen an: mit Hilfe eines Tagebuches des seinerzeit sechzehnjährigen Tom Riddle geschieht Unheimliches in der Schule. Stimmen, die nur Harry hört, Blut-Geschmiere an den Wänden der Korridore, Versteinerungen fordern das Lehrer-Kollegium heraus. Offensichtlich hat es ein Unhold auf die nicht „reinblütigen" Schüler abgesehen, die „zuviel Muggelblut in den Adern" haben - ihr Leben scheint in Gefahr?! Dagegen muss etwas unternommen werden!

Diesen Ereignissen gehen aber mehrere Erlebnisse voraus: Vorab versucht „Dobby der Hauself" (wie sich später herausstellt, dient er der Familie von Lucius Malfoy), Harry an der Rückkehr in die Schule zu hindern; anlässlich der Buchpräsentationen des neuen Lehrers „zur Verteidigung gegen die dunklen Künste" ist es gerade sein Herr, der das ominöse Tagebuch in Ginny Weasleys

Sammlung schmuggelt (Rons Schwester!)... Sie ist es, die als Verführte auf dasselbe später hereinfällt und es – in voller Unkenntnis über dessen wahre Hinterlist – „nutzt"; sie vertraut durch Eintragungen dem unsichtbaren Geist des damaligen Besitzers und Autors Tom Riddle ihre eigenen inneren Befindlichkeiten an, wodurch dieser allmählich in sie eindringen und als „Agentin" benutzen kann – ein willkommenes Werkzeug für die Ausführung der Schmierereien an den Wänden …

Als sie zu spät bemerkt, was Sache ist, will sie dieses Tagebuch loswerden im Mädchen-WC – und wird dort gekidnappt; das Tagebuch - „Lock-Mittel" für Harry - ist ebenfalls verschwunden.

Weil schon einmal der Tod einer Schülerin vor fünfzig Jahren zu beklagen war, gerät – wie damals – Hagrid unter Verdacht, der Täter zu sein. Doch als „der Erbe von Slytherin" kommt er nicht in Betracht, höchstens als Mittäter? Er wird „sicherheitshalber" inhaftiert... - und kann dem „Ermittler-Trio" Harry, Ron und Hermine noch einen wichtigen Tipp geben („die Spinnen…").

Viele Mitschüler verdächtigen Harry, er könne der gesuchte der Erbe sein (da er in „Parsel", der Schlangensprache, reden kann) und gerät so zusehends in Isolierung. Denn Parsel zu verstehen, ist eigentlich ein Merkmal der „Schwarzmagier" (der Sprechende Hut wollte ihn ja anfänglich den Slytherins zuteilen)!

Doch gerade diese „Begabung" lässt ihn gegen Ende hin das Tor zur „Unterwelt" von Hogwarts finden und öffnen! Und da unten entdeckt er Ginny halbtot, mitsamt dem Tagebuch...

Doch wie groß ist seine Überraschung, als Gegenüber jenen Sechzehnjährigen vorzufinden, dem er durch eben dieses Tage-Buch hindurch bereits begegnet war: Tom Riddle!

Dieser gibt sich als der wahre „Erbe Slytherins" zu erkennen – und erklärt dem verdutzten Harry, dass Ginny und das Tagebuch nur Mittel zum Zweck waren, um an i h n heranzukommen! Er will Harry aus dem Weg räumen, und hetzt den „Schrecken der Kammer" auf ihn – einen Basilisken (ein Mischwesen aus Drache und Schlange [53]), dessen Augen jeden sofort töten, der in sie schaut (selbst ein abgewendeter Blick macht noch versteinert!).

Offenkundig wissen selbst die Lehrer nicht – allen voran der Neue als „Blendgranate" in Sachen „Verteidigung gegen die Dunklen Künste", Gilderoy Lockhart -, was da unten los ist. Als es ernst wird, will er klammheimlich flüchten... Doch auf Dumbledore ist Verlass!

Da jeder Lehrer und Schüler ein Tier sein Eigen nennt (nach Freud ein Symbol für den je eigenen „Triebapparat" [54]), schickt Dumbledore den Bedrängten den Phönix [55] zu Hilfe, während Tom geifert: *„Seit vielen Monaten habe ich ein neues Ziel - d i c h !"* [56] *„Wie kommt es, dass du, ein magerer Junge ohne außergewöhnliche magische Begabung – es geschafft hat, den größten Zauberer aller Zeiten zu besiegen?"* [57] Um fortzufahren: *„Das also schickt Dumbledore seinem Verteidiger! Einen Singvogel und einen alten Hut! Fühlst du dich jetzt ermutigt, Harry Potter? Fühlst du dich jetzt sicher?"* [58] Was er jedoch nicht erwartete: der „Singvogel" blendet die Augen des Basilisken; und das Gryffindor-Schwert - im Sprechenden Hut verborgen - hilft Harry, das Untier zu töten. Allerdings wird er

bei diesem Kampf durch einen Drachenzahn verwundet –
tödlich, wie Riddle meint. Aber da naht wiederum der Phönix:

„*... heftig, mit den Flügeln schlagend, kam Fawkes wieder herbeige-*
schwebt und ließ etwas in seinen Schoß fallen - d a s   T a g e b u c h .
Den Bruchteil einer Sekunde lang starrten Harry und Riddle mit immer
noch hoch erhobenem Zauberstab auf das Tagebuch. Dann, ohne nachzu-
denken, ohne zu zögern, hob Harry den Basiliskzahn vom Boden und
stach ihn mitten ins Herz des Buches. Ein langer, fürchterlicher, durch-
dringender Schrei ertönte. Tinte quoll in Sturzbächen aus dem Buch,
strömte über Harrys Hände und überflutete den Boden. Riddle wand und
krümmte sich, schreiend und mit den Armen rudernd, und dann – Er war
verschwunden.“ [59]

Der Phönix heilt hernach mit seinen Tränen die tödliche Wunde;
Ginny ist wieder zu sich gekommen. Am Ende befördert der
Vogel die beiden zusammen mit Ron und dem „dementen" Prof.
Lockhart zurück ans Tageslicht – hinaus aus der Unter-Welt. Der
Rest wird aufgeklärt in des Schulleiters Büro.

Es erscheint Lucius Malfoy – nachdem er von den anderen
Schulräten die Wiedereinsetzung Dumbledores in das Amt des
Schulleiters vernommen hat – in künstlicher „Sorge", gefolgt von
Dobby. Er mimt den „Uneingeweihten" hinsichtlich der voraus
gegangenen Auseinandersetzungen und fragt nach, ob man „den
Schuldigen wohl gefunden" habe. Harry bemerkt, dass Dobby
unverwandt auf das kleine schwarze Tagebuch Tom Riddles „*mit*
dem großen schwarzen Loch in der Mitte" starrt: „*Der Elf tat etwas sehr*
Seltsames. Die großen Augen fest auf Harry gerichtet, deutete er auf das

*Tagebuch, dann auf Mr. Malfoy, und schlug sich mit der Faust hart
gegen den Kopf… Und immer noch deutete Dobby hinter seinem Rücken
erst auf das Tagebuch, dann auf Lucius Malfoy und schlug sich dann auf
den Kopf. Und plötzlich begriff Harry.*" [60] Malfoy war der tückische
Fallen-Steller gewesen! Er hatte dieses Tagebuch bei Ginny de-
poniert gehabt!

Während Lucius Malfoy mit Dobby im Gefolge des Schulleiters
Büro eilig voller Wut verlässt, erbittet Harry von Dumbledore
die Überlassung des Tagebuches und eilt damit den beiden
hinterher. Doch zuvor hält er inne: "*Hastig und voller Zweifel, ob
sein Vorhaben gelingen würde, zog Harry einen Schuh aus, dann die
schleimige, dreckige Socke und stopfte sie in das Tagebuch hinein…*"
Von einer früheren Begegnung mit Dobby wusste er, das
Hauselfen dann frei kommen würden, wenn ihr Herr und
Gebieter ihnen Kleidung schenkt!

Nachdem er die beiden erreicht hat, drückt er dem Fallensteller
das Tagebuch mit dem Socken-Inhalt zugeklappt in die Hand.
Der wirft es fort; doch Dobby reicht ihm das aufgefangene Buch
aufgeklappt zurück: "*Mr. Malfoy riss die Socke vom Tagebuch, warf
sie fort und sah zornig von dem zerstörten Buch zu Harry auf… Doch
Dobby rührte sich nicht. Er hielt Harrys eklige Socke empor und musterte
sie, als wäre sie ein unschätzbares Geschenk…*" Ob Socke oder Hemd
– Kleidung ist Kleidung! "*Der Meister hat sie geworfen und Dobby hat
sie aufgefangen und … Dobby ist f r e i* " – "*Harry Potter hat Dobby
befreit!*" [61]

Wieder zurück im Büro zerstreut Dumbledore Harrys Sorge, er
könne „sein wie Voldemort":

„... du bist ganz anders... Viel mehr als unsere Fähigkeiten sind es unsere Entscheidungen, Harry, die zeigen, wer wir wirklich sind..." [62] Begabungen sind nutzlos, wenn sie nicht in Taten umgesetzt werden?! Ein offenbares Geheimnis, das in der „Kammer des Schreckens" („chamber of secrets") gründlich gelüftet wurde...

c)   Intrigen und Verwandlungskünste.

In diesem Buch geht es um die Auswirkungen von heimtückisch geplanten und durchgeführten Intrigen, die zuerst einmal durch Ausstreuen von Gerüchten vorbereitet werden: „Das Gerücht ist wie Falschgeld. Rechtschaffene Menschen weigern sich es herzustellen, aber sie geben es bedenkenlos weiter" [63] – wenn man es ihnen in die Hand drückt.

Das Ziel ist, den Gegner als Opfer zu diskreditieren, damit man ihm keinen Glauben mehr schenkt – was Isolierung zur Folge hat. „Tatsachen" werden konstruiert bzw. verdreht und dann über möglichst viele „Kanäle" verbreitet: „Man weiß sich der Presse richtig zu bedienen, bringt entsprechende Fotos in die Zeitungen, versteht seine Reden geschickt aufzubauen und bringt Gerüchte unter das Volk... Der Schlaue spricht, und seine Worte sind nicht Träger des Gedankens, sondern dessen Verschleierung; sie lassen das Wahre als falsch und das Falsche als wahr erscheinen. Der Schlaue hat manchmal Erfolg. Für gewöhnlich aber hält die Sache nicht an. Im Pelzwarengeschäft landen mehr Fuchs- als Eselsfelle. Machen die Gerissenen eine Prozession, geht der Teufel mit dem Kreuz voran." [64]

(Rita Kimmkorn vom „Tagespropheten" ist so ein „leuchtendes Beispiel" für diese Art von „Berichterstattung"...)

Harry erlebt hautnah, was Voreingenommenheit bedeutet: von Kindheit an ist seine Verwandtschaft gegen ihn eingestellt, er muss sich als Aschenputtel verstehen. Anlässlich eines Besuches beschimpft ihn und seine Eltern Tante Magda auf überhebliche und dreiste Weise in wichtigtuerischer Aufgeblasenheit: sie vergleicht diese mit unfähigen Hundezüchtern und den Neffen als „missratenes Produkt" solcher „Zucht". Harrys Zorn darüber entlädt sich – völlig unerwartet schwillt Tante Magda zu einem „Luftballon" an und „entschwebt" ins Freie... Anders: „Wer nach dem Unsinn verlangt, wird ihn erleben." (C.S. Lewis) – Sie „erntet, was sie gesät hat". Später „ent-lüften" Experten des Zauberei-Ministeriums die Tante und belegen sie mit einem Vergessens-Zauber, so dass sie sich nicht mehr erinnern kann an das, was passiert war.

Wie ein rot-grüner Faden zieht sich durch den ganzen Roman das Thema der Formbarkeit der Materie durch den Geist kraft des Willens! [65]

Auf dem Wege zurück nach Hogwarts erfährt Harry von dem Ausbruch des „Massenmörders Sirius Black" aus dem Gefängnis von Askaban: es stellt sich später heraus, dass dieser sein Pate ist, dem man fälschlicherweise auch die Schuld am Tod von Harrys Eltern in die Schuhe schob. Sein Ausbruch gelang deshalb, weil er sich in einen Hund verwandeln konnte als „Animagus"...

[Ein „Animagus" ist ein Zauberer, der sein Körperkleid in die je gewünschte Gestalt eines Tieres transformieren kann; bei Bedarf verwandelt er sich wieder in die menschliche Figur zurück. Laut Rowling gibt es noch die Gattung der „Werwölfe": diese sind auch Menschen, die sich zwanghaft in Tiergestalt umformen müssen, wenn das Auslöser-Ereignis eintritt (wie etwa bei Prof. Remus Lupin, der sich verwandelt erfährt beim Anblick des Vollmondes); die Rückverwandlung erfolgt ebenfalls „automatisch", wenn die Gefährdungslage vorbei ist.]

Obwohl Askaban schwer bewacht wird von den „Dementoren", ist also Sirius Black entkommen. Nun schwärmen sie in alle Richtungen aus auf der Suche nach demselben. Sie machen auch nicht Halt vor dem „Hogwarts-Express" und dringen in denselben ein. Zufällig ist im gleichen Abteil, das Harry, Ron und Hermine betreten, der neue Lehrer „zur Verteidigung gegen die Dunklen Künste" anwesend, Prof. Remus Lupin – ein Freund des Entflohenen, wie sich später herausstellt. Während des Zug-Stopps greift ein Dementor Harry an, wird aber von Lupin mit einem Patronus-Zauber vertrieben.

Da Harry ganz offensichtlich ein „begehrenswertes Objekt" aus Dementoren-Sicht ist, führt Lupin ihn später in die Kunst des Erstellens eines solchen Abwehr-Zaubers ein und erklärt ihm dessen Funktion: derselbe *ist wie eine gute Kraft, ein Abbild eben jener Dinge, von denen sich der Dementor nährt – Hoffnung, Glück, den Wunsch zu überleben wie wirkliche Menschen, und so kann ihm der Dementor nichts anhaben.* " Wie denn so ein Patronus aussehe, fragt

Harry nach. *„Jeder Zauberer erschafft sich seinen ganz eigenen."* „Und wie beschwört man ihn sich herauf?" „Mit einer Zauberformel, die nur wirkt, wenn du dich mit aller Kraft auf eine einzige, sehr glückliche Erinnerung konzentrierst." Dabei ist auszusprechen: „Expecto patronum!" [66]

Das Ergebnis dieses Zaubers erscheint als Licht-Plasma-Gebilde in Gestalt eines Tieres - Aus-Druck seines Erzeugers [67].

Im Verlauf der Erzählung gerät Ron in das besondere Visier des entflohenen „Massenmörders": seine Ratte ist in Wirklichkeit ein Animagus, in dessen Hülle sich der „ermordet" geglaubte Peter Pettigrow versteckt hat (ein früherer Komplize von Black, Lupin und Harrys Vater). Diese Lüge wird später mit Hilfe der „Karte des Rumtreibers" (*„ein großes, quadratisches, heftig mitgenommenes Blatt Pergament"*), die Harry von den Weasley-Zwillingen überlassen bekam, als solche enttarnt; er entdeckt rein zufällig (!) den Tot-Geglaubten als Wanderer durch die nächtlichen Gänge von Hogwarts. Da diese Karte nicht von der veränderten Gestalt eines Animagus getäuscht wird, erscheint dessen Name darauf! *„Es war eine Karte, die jede Einzelheit von Hogwarts und dem Schlossgelände zeigte"* [68]. So wird „Krätze" (Rons Bezeichnung für seine Ratte) später überführbar. Als sich Sirius Black endlich als der zu erkennen gibt, der er wirklich ist, nimmt die Ratte Reißaus! Doch es nutzt ihr nichts – Peter wird enttarnt. Es gelingt ihm in dem dramatischen Augenblick der Zwangsumwandlung R. Lupins in einen Werwolf erneut die Flucht als „Animagus-Ratte" – hin zu seinem wahren Herrn, nämlich Voldemort, dem er fortan dient als „Wurmschwanz".

Hermine spielt in diesem Roman eine eigene Rolle, insofern sie mit Hilfe eines „Zeitumkehrers" in verschiedenen Unterrichtsstunden dabei sein kann; die Nutzung desselben erlaubt später ihr und Harry, dank der Tipps von Dumbledore, ein mörderisches Geschehnis „umzudrehen": sie retten das Zwitterwesen namens „Seidenschnabel" (ein „Haustier" von Hagrid) vor der beabsichtigten Hinrichtung sowie der neuerlichen Gefangennahme und Auslieferung von Sirius; in dieser Phase der Zeitumkehrung kann Harry den Angriff von mehr als hundert Dementoren erfolgreich abwehren mit Entfaltung eines sehr starken Patronus-Zaubers gleich seinem Vater; offensichtlich hat er dessen Begabungen geerbt?! Aus dieser „Zeit-Schleife" kehren Harry, Sirius und Hermine mit Seidenschnabel unversehrt nach Hogwarts zurück.

Black entkommt dank Seidenschnabel den verlogenen Feinden, nicht ohne zuvor Harry ein neues Zuhause bei sich selbst in Aussicht gestellt zu haben. Harry ist überglücklich, den Dursleys endlich den Rücken kehren zu können... Damit wäre auch er endlich alle Intrigen und Verdächtigungen los, die ihm dort das Leben schwer gemacht hatten.

Als Harry und Hermine wieder im Krankenstock zurück sind, fragt Ron sie völlig überrascht: „Wie kann man an zwei Orten ‚gleichzeitig' da sein?" Für eine Milli-Sekunden-Dauer hatte er die verwunderliche „Doppel-Präsenz" wahrgenommen! Aber Harry und Hermine verraten ihm nicht, dass ein „Zeit-Umkehrer" dafür „verantwortlich" ist (Rowling beschreibt dessen Funktion als „Gerät" nicht näher – Hauptsache, es hat geklappt!?).

d) „Knochengetöse", Ver-Setzungen und Ent-Täuschungen.

Im Zentrum dieses Buches steht eine Friedhofsszene, von Harry erst geträumt und später als fürchterliche Realität erlebt, um die herum alles wirbelt gleich einer Galaxie, die an ein „Schwarzes Loch" gebunden zu sein scheint. Der Sog, der von dort ausgeht, verheißt kein Entkommen? Noch ist alles unklar und neblig-trüb.

Der Erzählstil der Autorin wirkt hier tatsächlich äußerst komplex und facettenreich; er erinnert eine ihrer Äußerungen anlässlich eines Interviews: *„Wie in den meisten Potter-Büchern sollte die Realität hier leicht verdreht sein."* Sie verweist auf den Kopf-Bahnhof „Kings Cross": *„Ich schrieb über den Bahnsteig $9^{3/4}$, als ich in Manchester lebte, deshalb stelle ich mir die Bahnsteige falsch vor, und dachte dabei eigentlich an den Londoner Bahnhof Newston. Und so wird jeder, der einmal auf den echten Bahnsteigen 9 und 10 in Kings Cross war, keine große Ähnlichkeit mit den Bahnsteigen im Buch finden."* [69]

Harrys Traum-Schau ist dient hier als „Kopf-Bahnhof" für das, was nun alles in diesem Roman „abfährt"…

Die erzählerischen Verwirbelungen beginnen zentrisch mit der Quidditch-Weltmeisterschaft, an deren Ort man mit Hilfe eines „Port-Schlüssels" hinkommt. Die so „Trans-Port-ierten" werden rechtzeitig wieder „ausgestrudelt" über dem vorprogrammierten „Lande-Platz" – und man erkennt die beiden kosmischen Grund-Kräfte des Zentripetalen (Sog) und Zentrifugalen (Auswurf)…

Anziehung und Abstoßung bestimmen auch das Miteinander von Lehrenden und Lernenden. Wieder ist es ein neuer Lehrer „zur Verteidigung gegen die dunklen Künste", der seinen Schülern dies beibringt – aber niemand ahnt, dass der echte Dozent ausgetauscht worden ist durch einen Gefolgsmann von Voldemort (der sich ganz am Ende auch noch als Sohn des Leiters dieser Spiele und der Quidditch-Weltmeisterschaft herausstellt…). Dank der allmählichen Plünderung von Snapes „Getränke-Schatzkammer" („Vielsafttrank") kann der gefangen gesetzte echte Auror unentdeckt bleiben, bis das „Trimagische Turnier" vorbei ist.

Der Doppelgänger lehrt die Schüler den Gebrauch der drei sogenannten „Unverzeihlichen Flüche" – obwohl dies in der Welt der Zauberei strikt verboten ist und der echte Mad-Eye-Moody als Auror (Geheimpolizist?) genau diese Verstöße zu verhindern und zu ahnden hatte. Der hier wirkt jedoch „wie durchgeknallt".

Dieser Agent Voldemorts besorgt insgeheim zur Überraschung aller, dass die drei am Turnier teilnehmenden Schulen durch einen vierten Champion verstärkt werden, indem er einen Zettel mit Harrys Namen in den „Feuerkelch" lanciert. Der Kelch erweist eine erstaunliche „Unfähigkeit", diese Manipulation zu erkennen; und so müssen alle „der Entwicklung ihren Lauf lassen"…

Der Voldemortsche Agent besorgt zudem für Harry gewisse „Begünstigungen" durch Weitergabe wichtiger Informationen zu den Spiel-Etappen [70]; damit dieser bei der dritten und letzten Aufgabe nichts ahnend auch genau dorthin versetzt wird, wo der „Dunkle Lord" ihn schon „sehnsüchtig" erwartet zusammen mit seinen Helfershelfern…

Dies geschieht mit Hilfe eines weiteren „Port-Schlüssels" in Form eines Licht-Glas-Kelches [71], den einer der vier Champions in der letzten Aufgabenstellung berühren muss. Es gelingt Harry, den Kelch zu sichten; großmütig lässt er zu, dass auch Cedric mit ihm zusammen diesen Portschlüssel erreicht und „nutzt"; doch anstatt zurück zum Ausgangspunkt des Spieles transportiert zu werden, finden sie sich unvermittelt auf jenen Friedhof hin versetzt, den Harry in seinem Traum bereits „kennengelernt" hatte… Kaum dort angekommen, wird der Gefährte Harrys als „Überflüssiger" eliminiert. Der (aus Angst) getreue Diener „Wurmschwanz" hat einen „Hexen-Kessel" besorgt, der einer wundersamen „Wieder-Geburt" Voldemorts in menschlicher „Be-Kleidung" dienen soll.

Doch zuvor wird Harry an das Grabmal des Vaters von Tom Riddle fixiert, damit der treulose Verräter seiner Eltern ihm etwas „Blut abzapfen" kann [72], als Zutat für die „Auferstehungs-Suppe"; als weitere Ingredienzien werden Knochen des Riddle-Vaters sowie ein Armteil des Dieners dieser Brühe hinzugefügt. Dann erlebt Harry hilflos mit, wie Wurmschwanz aus einem Beutel etwas Unförmiges hervorholt und in den Kessel wirft. „… dann sah er durch den Nebel hindurch, wie der dunkle Umriss eines Mannes, groß und dürr wie ein Skelett, langsam aus dem Inneren des Kessels aufstieg… Weißer als ein Schädel, mit weiten, scharlachrot lodernden Augen und einer Nase, die so platt war wie die einer Schlange, mit Schlitzen als Nüstern… Lord Voldemort war wieder erstanden." [73]

Die Beschreibung zeigt an, dass etwas nicht geklappt hat – es ist dem „Wieder-Erstandenen" nicht gelungen, seine frühere Gestalt zurück zu gewinnen; stattdessen erscheint er hier als personifiziertes „Knochen-Getöse", der seine „neue Figur" unter einem schwarzen Mantel verbergen muss – was seine Wut gegen Harry nur noch steigert! Den will er nun endgültig beseitigen, und fordert ihn höhnisch zum Duell der Zauberstäbe heraus. Doch ihm ist unbekannt geblieben, dass beide Stäbe im Kern je eine Phönix-Feder (sie sind daher Zwillinge) besitzen – sie können sich gegenseitig zwar verletzen, aber nicht töten [74]!

Das Zauberstab-Duell bewirkt Unerwartetes:

„Ein grüner Lichtblitz schoss aus Voldemorts Zauberstab, und im selben Moment knallte ein roter Lichtblitz aus Harrys Zauberstab – sie trafen sich in der Luft – und plötzlich begann Harrys Zauberstab zu vibrieren, als stünde er unter elektrischer Spannung; ... und jetzt verband ein dünner Lichtstrahl die beiden Zauberstäbe, weder rot noch grün, sondern hell und sattgolden... Der goldene Faden, der Harry und Voldemort verband, faserte sich jetzt auf: Zwar blieben die Zauberstäbe verbunden, doch tausend neue Lichtfäden entstanden und wölbten sich über Harry und Voldemort, schossen kreuz und quer über sie, bis sie unter einem goldenen, kuppelförmigen Netz eingeschlossen waren, einem Käfig aus Licht... Und dann erfüllte ein überirdisch schöner Klang die Luft... er drang aus jedem Faden des Lichtgewebes über ihnen und ließ die Luft um Harry und Voldemort erzittern. Es war ein Klang, den Harry wieder erkannte, obwohl er ihn erst einmal in seinem Leben gehört hatte... es war der Gesang des Phönix..." [75]

Doch dann geschieht eine Veränderung: „*...es war, als ob große Lichtperlen an dem Faden zwischen den beiden Zauberstäben entlangglitten*"; diese offenbaren sich als von Voldemort Getötete, die nun als aus der Dunkelheit Befreite herausfinden – dazu zählen auch Harrys Eltern und der zuvor eliminierte „Überflüssige", Cedric. Sie helfen Harry, dem Schrecken dieses aufgepfropften „Zusatz-Turniers" zu entkommen, indem sie kurzzeitig eine Lichtblendung Voldemorts errichten, die es Harry gestattet, mit dem toten Körper Cedrics zu entkommen; sie erreichen wieder ungehindert den Portschlüssel und gelangen zum ursprünglichen Start-Platz des „Trimagischen Turniers". „*Er hörte Voldemorts Wutschrei im selben Moment, da er das Reißen hinter seinem Nabel spürte, und er wusste, dass der Portschlüssel seine Arbeit tat – er flog mit ihm davon in einen Strudel aus Wind und Farben, und Cedric war bei ihm... sie kehrten zurück...*" [76]

Dem geschockten Harry drängt sich sofort der falsche Mad-Eye-Moody quasi als „Sanitäter für Erste Hilfe" auf, und verschwindet im allgemeinen Tumult mit dem Jungen in sein Quartier, um zu „vollenden", was seinem Herrn und Meister offenbar nicht gelungen war: Harry zu beseitigen.

Er wird enttäuscht: Dumbledore, Snape und andere Lehrer sind ihnen gefolgt und retten Harry wie auch den echten Mad-Eye-Moody aus der tödlichen Gefahr. Dumbledore erkennt die Wirkung des Fluch-Umkehr-Effckts: *Priori incantatem* [77] – und, „dass alles, was einer mit Gewalt zu erlangen versucht, er von vornherein schon wieder verloren hat" [78]...

Wie nebenbei berührt J.K. Rowling in diesem Roman auch das spannungsreiche Vater-Kind-Verhältnis, kontrapunktisch fassbar vorgestellt in den beiden Kontrahenten: Harry hat seine Eltern nie wirklich kennen gelernt, und Tom Riddle alias Voldemort verachtete die eigene Herkunft (benötigt aber trotzdem Knochen des Vaters, um wieder zu erstehen!). Diese Zwiespältigkeit des Verhältnisses zu den eigenen Eltern hat J. Runcie ausdrücklich beschrieben: Joanne hatte vor dem eigenen Vater *„lange eine wahnsinnige Angst, es fehlte eine lebendige Vaterbeziehung; dagegen war der Kontakt zur Mutter innig"* [79]. Sie hat später versucht, dies zu „kitten" in einer etwas verklärenden Rückschau: *„Für mich ist Londons Kings Cross der wohl romantischste Bahnhof überhaupt, einfach deshalb, weil meine Eltern sich dort kennengelernt haben. Er war also immer ein Teil meiner Kindheitsgeschichte. Mein Vater war gerade in die Marine eingetreten, und meine Mutter in den Marine-Frauendienst. Beide reisten von London nach ... Schottland – also wollte ich, dass auch Harry mit diesem Zug fährt. Es musste einfach Kings Cross sein!"* [80]

d)   Von Orden und Ordnungen.

Was den besonderen Reiz dieses fünften Romans ausmacht, ist die Aussage, dass Prophezeiungen als W a f f e n verstanden werden können. So eröffnet Harrys Pate Sirius Black demselben in der Zentrale des „Phönix-Ordens" (dafür hatte er dieser Umwandlung seines Elternhauses zugestimmt): *„Voldemort marschiert nicht zu den Leuten hin und klopft an ihre Türen... Er überlistet, er verhext, er erpresst sie. Er handelt im Geheimen, darin hat er viel Übung.*

Er ist sowieso nicht nur daran interessiert, Gefolgsleute zu sammeln. Er hat noch ganz andere Pläne, Pläne, die er tatsächlich ganz ohne Aufsehen verwirklichen kann, und im Moment konzentriert er sich auf die!" „Was sucht er denn, abgesehen von Gefolgsleuten?" ... *„Dinge, die er nur heimlich bekommen kann... zum Beispiel eine Waffe. Etwas, das er das letzte Mal nicht hatte." „Als er schon einmal Macht hatte?" „Ja." „Was für eine Waffe?"* [81]

Die gesuchte Waffe ist eine dubiose Prophezeiung, welche die beiden Kontrahenten – Harry und Voldemort – „aus-zeichnet"; sie wird in der zentralen Mysteriums-Abteilung des Zauberei-Ministeriums aufbewahrt zusammen mit einer Fülle anderer Vorhersagen. Da die gesuchte Prophezeiung sich jedoch primär auf Harry bezieht, kann nur er sie unbeschadet in die Hand nehmen und öffnen... Deshalb versucht der Finsterling, via Traumbrücke Harry zu beeinflussen, indem er diesem gefälschte „Tatsachen" als Lockmittel einflößt – inzwischen überzeugt von ihrer „besonderen Beziehung" zueinander. Er täuscht vor, er habe Sirius Black in seiner Gewalt und könne ihn jederzeit „um die Ecke bringen" – was Harrys Beschützer-Instinkt weckt und ihn mächtig aufregt... (Harry als „tumber Ritter" [82], der mehr von seinen Emotionen als von seinem Verstand gelenkt wird, agiert sogleich als „Heißsporn"...)

Doch bis es zu dem erhofften „End-Sieg" Voldemorts kommt, holt die Autorin weit aus, wiederum in spiralartig-verästelten Geschehnissen: In den Ferien werden Harry und Vetter Dudley von zwei Dementoren angegriffen, die Harry verjagen kann. Das bringt ihm ein Strafverfahren vor dem höchsten Gericht ein – dem „Zauber-Gamot" [83]. Sein Verteidiger Dumbledore hat eine Zeugin zur Hand, die Harrys Bericht bestätigen kann; und so wird Harry frei gesprochen.

Fudge, der Zauberei-Minister, misstraut jedoch Dumbledore und Harry, die behaupten, der „Dunkle Lord" sei zurück („er ist wieder da!"). Er deutet diese „Mär" als Propaganda-Trick von Dumbledore und unterstellt demselben, dieser sei nur selber scharf auf seinen Posten. Seinem befürchteten „Karriere-Knick" beugt Fudge vor, indem er eine enge Vertraute aus dem Ministerium nach Hogwarts versetzt: Dolores Umbridge – sie ist die neue Lehrerin „zur Verteidigung gegen die dunklen Künste". Sie glänzt dadurch, dass sie sich als Expertin der Theorie erweist, aber jegliche Praxis verhindert (was Hermine gewaltig „auf den Geist geht"); charakterlich wirkt sie überheblich und gemein.

Umbridge wird im Verlauf des Schuljahres mit immer weiteren Vollmachten durch Fudge ausgestattet (sie kann sogar Lehrer entlassen). Jeder, der ihren Unterrichtsstil bzw. ihre Maßnahmen kritisiert, wird abgeschmettert bzw. läuft Gefahr, als „Aufrührer" diskreditiert zu werden; Kritik an ihr ist immer auch gleichzeitig eine Kritik am Minister selber bzw. an den Verordnungen des Ministeriums. Klar, das ist strafwürdig und muss geahndet werden! Hermine erkennt die Gefährdung durch unterlassene Praxis-Lehre und organisiert klamm-heimlich einen Ersatz dafür: zusammen mit Harry und anderen begründen sie „DA" – Dumbledores Armee" [84]. Doch dieser weiß offiziell gar nichts von diesem „Unternehmen"…

Doch leider wittert die inzwischen zur „Groß-Inquisitorin" von Hogwarts ernannte Umbridge den „Braten" und verlockt ihre „Getreuen" durch Verheißung von Vergünstigungen, damit diese ausspähen, was hinter den Kulissen los ist; gestützt auf deren Informationen sprengt sie später die „DA-Riege" – Dumbledore wird als Schulleiter abgesetzt und soll nach Askaban verfrachtet werden. Doch der entzieht sich der Verhaftung mit Hilfe seines Phönix... Umbridge versucht die „Rädelsführer" zu zwingen, mehr zu verraten – und gerät im „Verbotenen Wald", wo des Schulleiters vermutete Hauptwaffe sein soll, selbst in die Bredouille: sie wird dort – wörtlich – „aus dem Verkehr gezogen"...

Danach macht sich der DA-Kernkreis mit Harry als Führer auf den Weg ins Zauberei-Ministerium zur Mysteriums-Abteilung, um Sirius Black zu retten.

Und dann „*waren sie angekommen, sie hatten den Raum gefunden: hoch wie eine Kirche und lediglich mit emporragenden Regalen gefüllt, die voller kleiner, staubiger Glaskugeln waren...*" Harry hatte ein Regal erträumt mit einer klaren Zahl: „*‚Du hast gesagt, es war Reihe 97‘, flüsterte Hermine... ‚97!‘ wisperte Hermine... ‚Da – steht dein Name drauf‘ sagte Ron. ... ‚Mein Name?‘ sagte Harry verdutzt... In spinnenartiger Handschrift war ein rund sechzehn Jahre zurückliegendes Datum darauf geschrieben und darunter stand:*

> **S.P.T. an A.P.W.D.**
> **Dunkler Lord**
> **und (?) Harry Potter**

Harry starrte darauf. ‚Was ist das?‘ fragte Ron und klang zermürbt. ‚Was macht dein Name hier drauf?‘. Da sein Name mit der Kugel verbunden war, nahm Harry sie aus dem Regal in seine Hand, und mit einem Anflug von Verwegenheit schloss er die Finger um die staubige Kugel. Er hatte erwartet, dass sie sich kalt anfühlte, doch das tat sie nicht. Im Gegenteil, sie fühlte sich an, als hätte sie stundenlang in der Sonne gelegen, als würde der Lichtschimmer im Innern sie erwärmen…" [85] Während er den Staub von der Kugel abwischt, vernehmen sie plötzlich hinter sich die Stimme des Anführers der Verfolgungs-Truppe, Lucius Malfoy.

Die Falle ist zugeschnappt… „*Sehr gut, Potter. Jetzt dreh dich um, hübsch langsam, und gib sie mir!*" Da Harry sich sperrt, wollen die übrigen Verfolger mit Gewalt die Kugel Harry abnehmen. „*Nicht angreifen! Wir brauchen die Prophezeiung!*" warnt Malfoy seine Kumpane und höhnt: „*Dumbledore hat dir nie mitgeteilt, dass der Grund, warum du diese Narbe trägst, tief im Innern der Mysteriums-Abteilung verborgen liegt? …Der Dunkle Lord hat sich gefragt, warum… du nicht angerannt kamst, als er dir im Traum den Ort zeigte, wo sie verborgen liegt. Er dachte, die natürliche Neugierde würde in dir den Wunsch wecken, den genauen Wortlaut zu hören…*"   „ ‚Tatsächlich?‘ sagte Harry… ‚Also wollte er, dass ich komme und sie hole, ja? Warum?‘ Malfoy klang ungläubig-vergnügt. ‚Weil die Einzigen, denen es erlaubt ist, eine Prophezeiung aus der Mysteriums-Abteilung zu entfernen, Potter, diejenigen sind, über die sie gemacht wurde…*" [86]

Anders: Prophezeiungen können nur von denen verstanden und richtig gedeutet werden, denen sie gelten! (Das gilt auch für die Rowlingsche Romanwelt?)

Die Prophezeiung erscheint hier wie eine Auszeichnung gleich einem „Orden", was den so Bestimmten nach vorwärts wie rückwärts kennzeichnet und prägt – verliehen durch eine Höhere Macht?

Der Versuch, sich die Prophezeiungs-Kugel widerrechtlich anzueignen, misslingt: sie fällt zu Boden und zerbricht. Es kommt zu einem endzeitlich anmutenden Kampf zwischen den Anhängern der Weißen und der Schwarzen Magie („Todesser"), in dessen Verlauf Sirius – durch Unachtsamkeit – ins Jenseits befördert wird „dank" seiner eigenen Kusine Bellatrix. Der Schock sitzt – aber da erscheint nach Voldemort Dumbledore und zwingt jenen zur Flucht. Die mit dem Minister zusammen herbei geeilten Auroren müssen erkennen: „Er ist zurück – er ist tatsächlich wieder da!"

Harry und Dumbledore werden rehabilitiert.

Harry beklagt, dass mit dem Zerbrechen der Glaskugel auch die Prophezeiung verloren gegangen sei; doch Dumbledore kann ihn beruhigen und aufklären:

„Es gibt einen Raum in der Mysterium-Abteilung, ... der allzeit verschlossen ist. Er enthält eine innere Kraft, die wunderbarer und schrecklicher ist als der Tod., als die menschliche Intelligenz, als die Kräfte der Natur. Es handelt sich wohl auch um das geheimnisvollste der vielen Themen, die dort zu studieren sind. Es ist diese Macht, die in diesem Raum aufbewahrt wird, die du in beträchtlichen Mengen besitzt und Voldemort überhaupt nicht. Diese Macht hat dich auch davor bewahrt,

dass Voldemort von dir Besitz ergriff, weil er es nicht ertragen konnte, in einem Körper zu wohnen, der so erfüllt ist mit der Kraft, die er verachtet. Am Ende spielte es keine Rolle, dass du deinen Geist nicht verschließen konntest. Es war dein Herz, das dich gerettet hat." [87]

Rowling wagt nicht, für diese zentrale Kraft und Macht den Namen „Gott" einzusetzen, obwohl es sich hier logischerweise so anbieten würde?!

e)   Horkruxe – Geheime Offenbarungen?

Die in diesem Roman erkennbaren „nebulösen Verknüpfungen" zeichnen sich vor allem in einem Punkt aus: Heraus-Finden-Wollen/-Müssen, wer seinerzeit Tom Riddle alias „der Dunkle Lord" bzw. „Voldemort" in jungen Jahren tatsächlich w a r ; und wie wurde er zu dem, was er nun darstellt? Für Dumbledore ist klar: die Antwort auf diese Frage wird den weiteren Verlauf der Geschichte entscheidend beeinflussen...

Er sucht zusammen mit Harry einen längst pensionierten alten Kollegen auf, Horace Slughorn, um ihn erneut für seine frühere Lehrtätigkeit in Hogwarts zurück zu gewinnen, und zwar für das Fach „Kräuterkunde"; Snape dagegen darf endlich jenes Fach unterrichten, für das er sich von Anfang an auserkoren sah: „Verteidigung gegen die Dunklen Künste". Der organisatorische Schachzug: Slughorn war zur Schulzeit Riddles Hauslehrer der Slytherins, und Snape ist damit ersetzt – aber saturiert.

Eine der nebulösen „Feinheiten" in dem Buch besteht darin, dass gewisse Lehrer-Bewertungen in kleinen Fläschchen aufbewahrt werden (einer Bibliothek gleich), die nur dann gelesen werden können, wenn man ihren Inhalt ins das „Denkarium" ergießt und sodann seine eigene „Denkerstirn" da hinein taucht...

So kann Dumbledore seinem Adlaten Harry in einem Modell-Versuch den jungen Tom vorführen wie in einem Kinofilm, um dann später bei einer nachfolgenden Begebenheit darauf hinzuweisen, dass eine der Erinnerungen von Prof. Slughorn nachträglich „korrigiert", also manipuliert sein muss. Wenn Harry sich als Köder zur Verfügung stellt, könnte man die wahre Erinnerung zurück erhalten?!

„Früher hatte er seine Lieblinge handverlesen... und er hatte ein unglaubliches Geschick, diejenigen auszuwählen, die später auf ihren jeweiligen Gebieten glänzten. Horace gründete eine Art Klub seiner Lieblinge, dessen Mittelpunkt er selbst war... All das erzähle ich dir nicht, um dich gegen Horace aufzubringen..., sondern damit du auf der Hut bist. Er wird zweifellos versuchen, dich für sich zu gewinnen, Harry. Du wärst das Juwel in seiner Sammlung: der Junge, der überlebt hat... oder, wie sie dich heute nennen, der Auserwählte." [88]

Um Slughorn besser zu verstehen in Bezug auf Riddle, beschreibt Dumbledore den jungen Tom: derselbe zeigte in der Schulzeit nach außen hin *„keinerlei Arroganz oder Aggression. Als ungewöhnlich begabte und sehr gut aussehende Waise zog er natürlich, kaum dass er angekommen war, die Aufmerksamkeit und die Zuneigung des Kollegiums auf sich. Er wirkte höflich, ruhig und wissensdurstig. Fast alle waren sehr angenehm von ihm beeindruckt... Im Lauf seiner Schuljahre scharte er* *eine Gruppe treuer Freunde um sich" – „auch wenn Riddle… zweifellos keine Zuneigung für irgendeinen von ihnen empfand…, sie waren die Vorläufer der Todesser, und einige von ihnen wurden tatsächlich die ersten Todesser… Nur wenige, die ihn damals kannten, sind bereit, über ihn zu reden, sie haben zuviel Angst…!"* [89]

Die später entscheidende Denkariums-Lesung zu Slughorn und Riddle bewirkt Erschrecken, als sie den Sinn der Manipulation erfahren: „*Slughorns Stimme*" dröhnte *„Ich weiß nichts über Horkruxe, und wenn, würde ich es Ihnen nicht sagen! Und nun sofort raus hier, und wehe, Sie erwähnen es noch einmal!"* Dumbledore stellt fest: „*Professor Slughorn hat an seinen Erinnerungen herumhantiert…, weil er sich für das schämt, woran er sich erinnert… Er hat versucht, die Erinnerung zu überarbeiten, um sich selbst in einem besseren Licht darzustellen… Und aus diesem Grund gebe ich dir auch zum ersten Mal etwas auf, Harry. Deine Aufgabe besteht darin, Professor Slughorn zu überreden, die echte Erinnerung preiszugeben, die zweifellos unsere entscheidende Information sein wird.*" [90]

Ein glücklicher Umstand kommt Harry zu Hilfe: er bekommt das zwar sehr abgegriffene, aber desto informativere Kräuterkunde-Buch des „Halbblutprinzen" zugewiesen; dessen Nutzung macht ihn bald zum Primus in diesem Fach (sehr zum Unmut von Hermine). Seine „Krönung" ist der Gewinn des Fläschchens mit dem Elixier „Felix Felicis" [91]; dieses verhilft ihm später dazu, Slughorns wahre Erinnerung in die Hand zu bekommen. Als es dann soweit ist mit der „Lesung", erfahren beide die wahre Bedeutung eines „Horkrux": dabei handelt sich um einen Gegenstand, in das der Schwarzmagier einen Teil seiner Seele einschließt (ab-gespaltet durch einen Mord! [92]). Der irre Hinter-Sinn: „*Dann kann man, wenn der eigene Körper angegriffen oder zerstört wird, nicht sterben, denn ein Teil der Seele bleibt erdgebunden und unbeschädigt... Die Spaltung ist ein Akt der Gewalt, sie ist gegen die Natur... Das Töten reißt die Seele auseinander. Der Zauberer, der einen Horkrux erzeugen will, nutzt den Schaden zu seinem Vorteil: Er schließt den abgerissenen Teil ein...*" Als Riddle im Verlauf dieser Unterhaltung nachhakt, ob man nicht auch mehrere Teile einer Seele so „einschließen" könne, ist Slughorn total entsetzt...

Der Schock darüber erfasst auch Dumbledore und Harry, als sie die Tragweite der Einstellung Riddles begreifen, der unverfroren „überlegt": „*... ist nicht beispielsweise S i e b e n die mächtigste magische Zahl...?*" Worauf Slughorn kontert: „'Sieben!' Ist es nicht schlimm genug, sich vorzustellen, auch nur einen einzigen Menschen zu töten? Und auf jeden Fall... schlimm genug, die Seele zu teilen... aber sie in sieben Stücke zu reißen..."

Dumbledore bekennt: „*Die Fahrlässigkeit, mit der Voldemort diesen Horkrux*" – gemeint ist das Tagebuch - „*behandelte, ließ mich nichts Gutes ahnen... Sie deutete darauf hin, dass er mehr Horkruxe erzeugt haben musste...*" Sie vermuten, dass Voldemort sechs Teile seiner Seele abgespaltet haben könnte- wer ihn überwinden will, müsste folglich dieselben finden und zerstören; erst dann könne „der Rest erledigt" werden: „*Dieses siebte Stück seiner Seele wird das letzte sein, das einer... angreifen muss – das Stück, das in seinem Körper lebt.*" [93] L e b t ? Wohl eher: w e s t ...

Dumbledore und Harry sind sich darin einig, drei Horkruxe zu kennen: das Tagebuch, „Gaunts Ring" (von Toms Mutter) sowie ein Medaillon, dessen Verwahrungsort bereits bekannt ist (als beide später dieses Versteck aufsuchen, werden sie enttäuscht: sie finden eine Fälschung vor! Das echte ist gestohlen?).

Die Gegenseite ist in der Zwischenzeit nicht untätig geblieben: Harrys Widersacher in der Klasse ist Draco Malfoy; der ist von Voldemort „auserwählt" worden, einen geheimen Zugang nach Hogwarts hin aufzuspüren, der es ermöglicht, unbemerkt dort einzudringen. Mittels eines geheimen „Verschwinde-Kabinetts" im Raum der Wünsche und seinem Gegenstück in einem Laden der Winkelgasse gelingt es der Vorhut, in Hogwarts unerkannt anzukommen. Als Dumbledore und Harry von ihrer Exkursion zurückkehren, ist die Gefahr bereits da! Dumbledore befiehlt Harry, Snape zu holen und, sich zu verstecken.

Harry weiß nichts von der geheimen Absprache zwischen dem Schulleiter und dem Lehrer: als Draco, der Voldemortsche „Auserwählte", versagt, „vollendet" Snape das Werk des Auftrags zur Tötung und befördert Dumbledore ins Jenseits... Harry sieht das Geschehen aus seinem Versteck mit an – und ist geschockt. Er kann sich aber aufraffen und dem Mörder nachstellen; er wendet den Sectumsempra-Fluch gegen Snape an, der diesen sofort abwehrt und dann Harry „mitleidig" wissen lässt, dass er der „Halbblutprinz" sei [94]... Harry und die Seinen erkennen in Snape folgerichtig einen „Doppelagenten", dessen Ende offen ist?

Dumbledore wird feierlich in einem weißen Grabmal bestattet.

Harry versteht es als Vermächtnis und Auftrag, das Werk des Verstorbenen fortzuführen: Aufspürung der übrigen Horkruxe und deren Zerstörung… Den andern erklärt er deshalb wild-entschlossen: „*Er wollte, dass ich das tue, deshalb hat er mir alles über sie erzählt. Wenn Dumbledore Recht hatte – und ich bin sicher, er hatte Recht -, sind immer noch vier davon dort draußen. Ich muss sie finden und sie zerstören…*" [95] Hermine und Ron lassen ihn nicht im Stich: „*Wir sind bei dir, was auch immer geschieht.*"

(Eine scheinbar nebensächliche Angelegenheit soll hier doch noch erinnert werden: Harry kommt an die wahre Erinnerung des Professors nur deshalb heran, weil dieser in Hagrids Hütte eine winzige Begebenheit berichtete, die ihm nicht aus dem Sinn gegangen war: Harrys Mutter hatte Slughorn einmal eine Glas-Schale geschenkt, in der ein Blütenblatt obenauf schwamm; als er das Glas in seinem Zimmer absetzte, sank das Blütenblatt auf den Grund desselben – und verwandelte sich unerwartet in ein Fischlein. Als Lilly von Voldemort getötet wurde, verschwand das Fischlein im Glas – es hatte sich „in Nichts aufgelöst"?)

h)   Die Sakralien des Todes.

Der letzte Band mutet aufgrund seines Titels in jederlei Hinsicht merk-würdig an:

„HARRY POTTER AND THE DEATHLEY HALLOWS" (englisch),

„HARRY POTTER UND DIE HEILIGTÜMER DES TODES" (deutsch).

Im Deutschen verwendet man den Begriff „Heiligtümer" in der Regel nur für Gotteshäuser (Kirchen, Kapellen, Wallfahrtsorte usw.), aber auch für sakrale Gegenstände wie die Reliquien von Heiligen und den damit verbundenen Kunstgegenständen. [96] Was Rowling bezeichnet, sind Gegenstände, die vom Tod „höchstpersönlich" gewirkt worden sind und kurioserweise deren Besitzer hernach selbst vor dem Tod bewahren: es sind dies der „Mantel der Unsichtbarkeit", der „Stein der Auferstehung" (der die Macht hat, Verstorbene herbeizurufen) und der „Elderstab" (der „mächtigste Zauberstab" überhaupt). Wer diese „Drei-Einigkeit" der „tödlichen Heiligkeiten" besitzt, ist praktisch unüberwindbar – sogar gegenüber ihrem „Erfinder", dem Tod.

Vorgestellt werden sie von Rowling sowohl in diesem Roman wie in dem Buch „Die Märchen von Beedle dem Barden" [97]; und sie sind im Signet vereint, das Hermine auf dem Friedhof am Grabstein der drei Brüder entdeckt, während Ron es bereits bei Viktor Krum, dem Champion der Durmstrangs gesichtet hatte. Auch Harry erkennt es im Medaillon, welches Lunas Vater um den Hals trägt.

Es stellt sich heraus, dass Harry den „Mantel der Unsichtbarkeit" bereits zu treuen Händen erhalten hat. Da Voldemort sich nur für den Elderstab interessiert, weiß er (noch) nicht, dass der getötete Dumbledore die ganze Zeit denselben bereits besaß (und auch den „Stein der Auferstehung").

Das Trio Harry, Hermine und Ron erlebt sich nun als „Rumpf-Kabinett" des „Phönix-Ordens", und im Verlauf der turbulenten

Auseinandersetzungen selbst als spannungsreiche Gemeinschaft, die durch Höhen und Tiefen hindurch muss, um das Ziel zu erreichen: den Sieg über den „Dunklen Lord".

Der neue Zauberei-Minister macht die Drei bei einer Hochzeit im Hause Weasley mit dem Testament Dumbledores bekannt: Hermine erhält das Märchenbuch von „Beedle, dem Barden" („*in der Hoffnung, sie möge es unterhaltsam und lehrreich finden*"), Ron den Deluminator („*in der Hoffnung, dass er an mich denkt, wenn er ihn benutzt*") und Harry den „goldenen Schnatz" („*den er bei seinem ersten Quidditch-Spiel in Hogwarts gefangen hat, als Erinnerung an das, was Beharrlichkeit und Geschick zustande bringen können*") — wobei der Testaments-Vollstrecker noch eine Besonderheit betont, die den Schnatz kennzeichnet [98]. Die zusätzliche Verfügung, dass Harry außerdem noch „das Schwert von Gryffindor" erbt, ist allerdings undurchführbar: es ist spurlos verschwunden!

Im Verlauf ihrer gefahrvollen Suche entdecken sie allmählich den wahren Sinn der Voldemortschen Horkruxe: ganz offenkundig hatte er Hogwarts schon allein dadurch „übernommen" als „der wahre Erbe Slytherins", insofern er die Preziosen der vier Häuser an sich zu bringen wusste — und diese möglicherweise als die gesuchten restlichen Horkruxe missbrauchte. Sie erkennen später diese im Medaillon, das geraubt und ausgetauscht worden war, (am Halse von Umbridge hängend); den Becher von Hufflepuff (im Gringotts-Bank-Depot von Bellatrix) samt einem Plagiat des Gryffindor-Schwertes; dann das Ravenclaw-Diadem (verborgen im „Raum der Wünsche" von Hogwarts). Was sie nicht wissen:

das echte Gryffindor-Schwert hatte Snape beiseite geschafft! (Es dient nach seiner Auffindung der Zerstörung des Medaillons; zum andern ist es der „Kaufpreis" für das Eindringen in Bellatrix's Tresorraum bei der Gringotts-Bank mit Hilfe des Kobold-Verräters.) Da das Schwert nicht missbraucht werden konnte, kommen 6 Horkruxe ans Licht: Tagebuch, Ring, Medaillon, Becher, Diadem und Schlange, die allesamt vernichtet werden...

Am Ende kommt es zur Schlacht um Hogwarts, das von den Truppen Voldemorts belagert und umzingelt ist. Dieser hat sich den Elderstab aus dem Grab Dumbledores „besorgt" und hält sich nun für unbezwingbar. Trotzdem bemerkt er, dass der Gebrauch des neuen Zauberstabes irritiert: der Elderstab dient ihm nicht so, „wie es ihm als dem neuen Herrn" gebührt?! Er lässt Snape kommen, um sich zu vergewissern, dass dieser selbst als der „Vorbesitzer" zu beseitigen sei, da er ja Dumbledore getötet hatte. Er lässt seine Schlange „Nagini" diesen „Rest" besorgen; sie verletzt Snape tödlich – und Voldemort wähnt sich nun endlich als wahrer und alleiniger Herr des Elderstabs. Harry, Ron und Hermine können den für Snape tragischen Ausgang mitverfolgen; der hat noch Zeit, Harry ein Fläschchen Veritaserum (über seine Tränen!) anzuvertrauen, dessen Inhalt hernach mit Hilfe des Denkariums die tatsächliche Geschichte Snapes als Doppel-Agent enthüllt...

Der grundsätzliche Denk-Fehler Voldemorts geht in mehrere Richtungen: zum einen hatte Snape zwar Dumbledore getötet, aber nicht dessen Zauberstab übernommen; den fegte Draco

zuvor aus dessen Hand. Der Elderstab wurde hernach als Grab-
beigabe dem toten Schulleiter zurückgegeben. Der „Todes-Dieb"
(Vol-de-mort) eignete sich denselben als Grabräuber völlig ir-
regulär an. Und weil er nicht die geheime Abmachung zwischen
Dumbledore und Snape kannte (im Ernstfall m ü s s e der ihn
töten, damit der Elderstab als solcher unerkannt bliebe), war
dessen „Erbfolge" gestört, und damit auch dessen „Dienst"...

Erst die Einsicht in Snapes Lebenslauf lässt Harry die ganze
Wahrheit erkennen: dass er selbst wegen der Hingabe seiner
eigenen Mutter (die Snape sehr verehrt hatte) "horkruxial-
verseucht" ist! Die Prophezeiung lautete ja: „*Keiner kann leben,
solange der andere überlebt*" - er muss sich also vom Feind töten
lassen (was Dumbledore und Snape klar erkannten), damit sein
„Horkrux-Anteil" durch Voldemort selbst vernichtet werde?!
Harry stellt sich dem Gegner — zum Entsetzen seiner Freunde —
und begegnet dort zuvor, dank des Steins der Auferstehung, den
von ihm hoch-geschätzten „Jenseitigen" (Eltern, Sirius, Remus
usw.), die ihn begleiten bei seinem Opfergang.

Die Ironie: Voldemort tötet — s i c h   s e l b s t ! Und macht
Harry frei! Im Grauzonenbereich zwischen Diesseits und Jenseits
klärt Dumbledore Harry auf: „*Vielleicht einer unter einer Million
könnte die Heiligtümer vereinen... Ich eignete mich nicht dafür, den
Elderstab zu besitzen... Es war mir gestattet, ... andere vor ihm zu
schützen.*" [99] Das alles hatte Voldemort nie im Sinn! „*... anstatt sich
zu fragen, welche deiner Eigenschaften es war, die deinen Zauberstab so
stark gemacht hatte, welche Gabe du besaßest, die ihm fehlte, schickte*

Voldemort sich natürlich an, den einzigen Zauberstab zu finden, der, wie es hieß, jeden anderen schlagen würde. Für ihn ist der Elderstab zu einer Besessenheit geworden, die seiner Besessenheit, was dich angeht, gleichkommt. Er glaubt, dass der Elderstab seine letzte Schwäche beseitigt und ihn wahrhaft unbesiegbar macht." [100]

In diesem Zwischenfeld zwischen Leben und Tod (?) erfährt Harry sich im Kopf-Bahnhof „Kings Cross" – nur sehr viel heller und aufgeräumter; wohin seine „Reise" gehe? Das könne er selbst entscheiden lautet Dumbledores Auskunft...

„Verraten Sie mir noch ein Letztes" – *„Ist das hier wirklich? Oder passiert es nur in meinem Kopf?"* *„Dumbledore strahlte ihn an"* – *„Natürlich passiert es in deinem Kopf, Harry, aber warum alles in der Welt sollte das bedeuten, dass es nicht wirklich ist?"* [101] Danach werden beide voneinander getrennt, und Harry kommt im Diesseits wieder zu sich – ebenso wie Voldemort, der verwirrt ist ob seines eigenen „Ausfalls"... Harry stellt sich tot – und wird dann als „Leiche" wie eine Siegestrophäe voran getragen, vor die versammelten Widerstandskämpfer von Hogwarts. Voldemort verlangt die totale Kapitulation als Unterwerfung unter seinen Willen als dem „wahren Herrn der Zauber-Welt!"

Doch es kommt völlig anders.

Als für die „Widerständler" alles umsonst zu sein scheint, springt Harry quicklebendig auf – zur Ermutigung der Verteidiger und zum Schrecken der Vasallen Voldemorts – und dreht den Spieß um! In einer letzten „Unterhaltung" muss der „Dunkle Lord" erfahren:

„*Dieser Zauberstab arbeitet immer noch nicht richtig für dich, weil du den Falschen ermordet hast. Severus Snape war nie der wahre Herr über den Elderstab. Er hat Dumbledore nie besiegt... Den Zauberstab zu besitzen genügt nicht! Ihn zu halten, ihn zu gebrauchen macht ihn nicht wirklich zu deinem eigenen. Hast du Olivander nicht zugehört? D e r Z a u b e r s t a b   s u c h t   s i c h   d e n   Z a u b e r e r ... Du kommst zu spät...*" [102]

Und dann endet das letzte Zauberstab-Duell „*mit einem Knall wie ein Kanonenschlag*". Wie seinerzeit auf dem Friedhof treffen die beiden Zauberstab-Blitze aufeinander — doch mit einem Unterschied: Während Harry lediglich einen Entwaffnungs-zauber einsetzt, beschwört Voldemort den Todesfluch. Das Ergebnis ist im wahrsten Sinne des Wortes „umwerfend": der Todesfluch prallt zurück und bringt den Verflucher selbst um — der Elderstab dagegen gelangt unversehrt in die Hand seines rechtmäßigen Herrn, ohne ihn verletzt zu haben.

Später benutzt Harry den Elderstab dazu, seinen eigenen beschädigten zu reparieren (der Elderstab allein vermag das!). Und „*Harry wusste, dass es ihm gelungen war. Er nahm den Zauberstab aus Stechpalme und Phönixfeder hoch und spürte eine plötzliche Wärme in seinen Fingern, als ob Zauberstab und Hand sich darüber freuten, dass sie wieder vereint waren...*" Er will ihn behalten. „*Den Elderstab bringe ich wieder dorthin, wo er herkam. Dort kann er bleiben. Wenn ich eines natürlichen Todes sterbe, wie Ignotus, wird seine Macht gebrochen sein, nicht wahr? Der letzte Herr ist dann nie besiegt worden. Das wird sein Ende sein.*" [103]

3   Und damit wäre „die Story" zu Ende ?

Nicht ganz.

Joanne K. Rowling lässt in ihrer Septologie nach einer „Vakanz"
neunzehn Jahre später die inzwischen erwachsenen Freunde als
Verheiratete mit Familie „antreten". Das Frühere scheint sich zu
wiederholen so, als wenn nie etwas Anderes gewesen wäre: man
bringt die Kinder zum Kopf-Bahnhof „Kings Cross" auf Gleis $9^{3/4}$,
wo sich der Zug in Bewegung setzt hin zum Schul-Internat, nach
Hogwarts. Das Kuriosum: da erst die 11-Jährigen „zum Zug
kommen", gelten 8 Jahre als „Leer-Zeit" und „Lehr-Jahre"?

Von Dramatik keine Spur! Alles ist gut!

„Der Zug setzte sich in Bewegung... Die letzten Dampfschwaden lösten
sich in der Herbstluft auf. Der Zug fuhr in eine Kurve. Harry hatte immer
noch die Hand zum Abschied erhoben... Als Harry sie ansah, ließ er
gedankenverloren die Hand sinken und berührte die Blitznarbe auf seiner
Stirn... Die Narbe hatte seit neunzehn Jahren nicht mehr geschmerzt.
Alles war gut." [104] Nur die Namen der Kinder erinnern frühere
Begebenheiten... Ob es auch weiterhin so gut bleiben wird?

Es gilt ja zu bedenken: So lange es eine Freiheit der Entscheidung
gibt auf   Z i e l e   hin, so lange gibt es auch eine Freiheit der
Entschiedenheit – und also auch immer noch die Möglichkeiten
einer Wahl zwischen Gut und Böse [105] ... -

(Wie eingangs bereits erwähnt, hat Joanne K. Rowling zwischen-zeitlich versucht, mit der Herausgabe eines 8. Buches in Form eines Theater-Skripts die „Lücke" der „19 Jahre später" auszu-füllen.)

*

Und so bleibt der Satz aus dem Munde Dumbledores von früher her zu erinnern: *„Bedauere nicht die Toten, Harry. Bedauere die Lebenden, und vor allem diejenigen, die ohne Liebe leben!"* [106]

„DanRad" - via „*twitter*"

KAPITEL.   BIBLISCHE PERSPEKTIVEN.

**„Die Wissenschaft versucht, die Schöpfung
zu verstehen, die Religion aber versucht,
den Schöpfer zu verstehen."**

Wernher von Braun [107]

Um die Brücke zu schlagen von der „Harry Potter"-Saga hin zur
Bibel (und damit Theologie) werden drei Bezugs-Orte willkürlich ausgewählt: Bethlehem, Köln und Trier. Wiederum dient als
Verständnis-Schlüssel hier „the boy who lived" – „der Knabe, der
überlebt hat"...

In Bethlehem finden die drei Magier [108] – „Weise aus dem
Morgenland" – als Ziel ihrer „Wall-Fahrt" bzw. Pilgerschaft das
neugeborene Königs-Kind, und beschenken es mit ihren Gaben:
Gold, Weihrauch und Myrrhe.

Im Dom zu Köln befindet sich ein Reliquien-Schrein, der die
Gebeine dieser „Heiligen Drei Könige" aufbewahrt (die Frage der
Echtheit der „Materie" im Schrein kann hier nicht beantwortet
werden!). Bezeichnend aber ist, was das Fest-Komitee anlässlich
der Organisation der 850-Jahrfeier der Reliquien-Ankunft in
Köln verlauten ließ: *„Auch die Stadt Köln profitiert von der Strahlkraft
der Reliquien bis heute, wenn Pilger und Touristen den Dom besuchen…
Reich beschenkt fühlen sich auch die Vielen, die sich auf den Weg wie …
Caspar, Melchior und Balthasar … begeben und Gott suchen."*

In Trier wirkte der Jesuit Friedrich Spee von Langenfeld [109], ein bedeutender Kritiker von Hexen-Wahn und –Verfolgung; sein Werk „Cautio Criminalis" [110] gehört zu den bedeutenden Zeugnissen aus damaliger Zeit (um nicht sich selbst und vertraute Personen sowie seine Gemeinschaft – die „Gesellschaft Jesu" – zu gefährden, wählte er die Anonymität als Autor [111]). Bekannt wurde er auch als Dichter von Liedern [112] – mit diesen wollte er die Leute ermutigen, Menschlichkeit zu bewahren!

1   Die Erschaffung des Menschen.

Dass Daniel Jacob Radcliffe-Gresham sich „auflehnt" gegen jegliche Art religiöser Bevormundung, ist angesichts seines Alters (besser gesagt: Jugend?) wohl verständlich? Immerhin hat er eben damit einen kräftigen Denk-Anstoß geliefert, der „Würde des Mensch-Seins" nachzuspüren…

Sein späteres Engagement im Theaterstück „Equus", worin er auch „splitter-faser-nackt" auftrat, weist auf die griechische Weltanschauung hin, im Pferd das Symbol von „Denk-Kraft" zu sehen. Dies führt direkt weiter zum Universal-Genie Michelangelo Buonarroti [113], der als Maler, Bildhauer und Architekt (vor allem in der Sixtinischen Kapelle des Vatikan) sich selbst ein unvergleichliches „Denk-Mal" gesetzt hat.

Im Zentrum ist die Erschaffung des Menschen abgebildet – genauer gesagt: die Darstellung n a c h dem Akt der Göttlichen Tat! Gott-Vater streckt Seine Hand nach Adam aus, der erwacht sich berühren lässt; in der Finger-Zeigung stellt Michelangelo beide als gleichwertige Partner vor („nach Seinem Bild und Gleichnis erschaffen")! Beide gehören zueinander, sind einander zugewandt.

Der Schöpfer – umgeben von Engeln in Menschengestalt – ist eingeborgen in eine erdfarbene „Mutterschoß-Placenta", licht-verhüllt-„bekleidet", die Seine „Blöße" verbirgt wie offenbart. Michelangelo offenbart ein Geheimnis: den Akt der Erschaffung selbst vermag er nicht darzustellen – dieses Geschehen entzieht sich seinem Zugriff! Es ist „verhüllt"?!

Die „Verhüllung" fehlt bei Adam: der richtet sich ruhig und ohne Scham nackt auf dem grünen Erdboden auf, gelassen-hingewandt zum Schöpfer als Dessen Geschöpf: „Homo-Sexualität" und „Homo-Erotik" sind hier klar und deutlich vorgestellt [114] - als „Reinheit und Keuschheit in jungfräulicher Gebundenheit"…

Diese Lesung ergibt sich aus dem biblischen Bericht wie von selbst: *„Laßt Uns den Menschen machen nach Unserem Bilde, Uns ähnlich."* [115] Und *„Gott schuf den Menschen nach Seinem Bilde"* – *„ als Mann und Frau schuf Er sie"* [116]. Im Hebräischen wird Adam „Isch" („Mann") genannt und Eva „Ischa" („Männin") [117]. Ihr „Körper-Kleid" ist Aus-Druck ihrer geist-seelischen Ganzheit, gefasst in Leibhaftigkeit (was Jesus erinnert: *„Ist das Leben nicht mehr als die Nahrung und der Leib nicht mehr als das Kleid?…"* [118])…

Michelangelo hebt besonders die Bedeutung des Augenblicks in der wechselseitigen Blick-Richtung hervor: beide verlangen einander, offen und klar [119], worin das Geschaffen-Sein als Werk der Weisheit aufleuchtet (der Mensch als Spiegel des Schöpfers!); denn sie *„ist der Widerschein des ewigen Lichts, der ungetrübte Spiegel von Gottes Kraft, das Bild Seiner Vollkommenheit. Sie ist nur Eine und vermag doch alles; ohne sich zu ändern, erneuert sie alles.“* [120]

Dies erfährt Adam später mit Eva: *„Dann bildete Jahwe Gott den Menschen aus Staub von dem Erdboden und blies ihm in seine Nase einen Lebenshauch. So wurde der Mensch ein lebendes Wesen.“* [121] *„Dann baute Jahwe Gott die Rippe, die Er vom Menschen genommen hatte, zu einem Weibe und führte es zum Menschen. Da sprach der Mensch: ‚Das ist endlich Bein von meinem Bein und Fleisch von meinem Fleisch! ... Beide waren nackt, der Mensch und sein Weib. Aber sie schämten sich nicht voreinander.“* [122]

a) Michelangelos „Irrtum“?

Was hat Michelangelo gemalt? Das vollendete „Produkt“ des Schöpfers: den ausgestalteten Mann (isch) und die ausgeformte Frau (ischa). Wenn dieses Gemälde als „Erschaffung des Adam“ apostrophiert wird, so liegt der „Irrtum“ nicht beim Maler, sondern im Auge des „ober-flächlichen“ Betrachters...

Wie aber darf man sich den Vorgang der Erschaffung vorstellen, wenn Künstler (Maler, Bildhauer) im „Danach“ immer nur als von außen her Kommende das Geheimnis berühren können?

Hier hilft das „Spiegel-Erkenntnis-Prinzip" weiter: alles, was ist, kann auch aus seiner Umkehrung heraus erkannt werden. (Rowlings Spiegel „Nerhegeb" macht ja förmlich darauf aufmerksam!)

In Michelangelos Gemälde spielen die Engel mit:

Der Name Adam leitet sich ab vom hebräischen „ha adama" („die rote Erde"); Adam ist „der von der roten Erde Genommene" – was Michelangelo verdeckt andeutet mit der Placenta um den Schöpfer herum. Unter dem Schöpfer ist ein Engel zu sehen, dessen Gesicht für den Betrachter nicht wahrzunehmen ist; unter ihm schlängelt sich ein grünlich-luftiger Schleier ins All – gleich einem „Windhauch in Zackenform". Ahnungsweise bringt dieser „Licht ins Dunkel" der künstlerischen Ausgestaltung?

Hildegard bezeichnet die „Grün-Kraft" als das Werk des Heiligen Geistes gleich der Sauerstoff-Produktion der Pflanzen, die in die Umwelt - lautlos-leise - den Odem Gottes gleich einem „Hauch" verströmt. Die abgewandte Blick-Richtung des Engels mit dem grünen Schleierband „verrät" dem Betrachter, dass der göttliche Schöpfungsakt von i n n e n „heraus" stattgefunden hat – also nicht von außen her! Diese Betrachtungsweise gestattet, unter dem „Lehmklumpen" die Gestalt eines Primaten anzunehmen („den-von-der-roten-Erde-Genommenen"): Indem der Schöpfer denselben die „Schwelle der Selbst-Reflexion" passieren ließ, verwandelte er das Wesen in einen Menschen [123], in den „Adam". Dieser Werdegang kann verstanden werden als Akt der Durch-Lichtung von innen her, weil Weisheit ja unsichtbar ist...

Zwei Anekdoten mögen helfen, den gemeinten Sachverhalt „anschau-lich" zu übersetzen:

Auf dem Parkplatz eines Klosters strebt der Parkwächter einem heranfahrenden Auto entgegen, um die fällige Gebühr anzumelden und einzufordern. Er wird, noch ehe er etwas sagen kann, frohgemut vom Fahrer durch das offene Fenster angerufen mit „Gott zum Gruß!". Worauf der erwidert: „Wenn ich Ihn sehe, werde ich es Ihm ausrichten…" Leicht erschüttert über diese unerwartete Auskunft gibt der Chauffeur dem Wächter zu bedenken: „Das dürfen Sie so aber keinem Geistlichen sagen!" Antwort: „Haben Sie Ihn denn schon mal gesehen?!?" Woraufhin der Fahrer zu bedenken gibt: „Sie benutzen doch Ihren Verstand – haben Sie den schon mal gesehen?!?"

Im französischen Marien-Wallfahrts-Ort Lourdes werden den Pilgern am Rande der „heiligen Stätte" allerhand Souvenirs von tüchtigen Geschäftemachern angeboten, darunter auch Plastik-Flaschen in Madonnen-Form (in allen Größen)! Schraubt man einem solchen „Gefäß" („Ge-Schöpf") die Krone vom Kopf und füllt das legendäre Wasser hinein, so hat man hernach beides: eine Lourdes-Madonna als Andenken, und das Heil-Wasser darin. – Zuhause angekommen, kann man experimentieren: Man lege die wasser-gefüllte Plastik-Figur ins Eisfach des Kühlschranks; sobald letzteres gefroren ist, hole man beides wieder heraus. Dann schneide man vorsichtig die Plastikhülle auf – und schon hat man z w e i Madonnen – die eine aus Eis, die andere aus Plastik. Und je reiner die Plastik bzw. das Eis ist, desto tiefen-wirksamer kann L i c h t durch diese gleiten…

In der Bibel ist Wasser das Symbol der Weisheit, weil kein Lebe-Wesen ohne es bestehen kann. Und es existiert in drei bekannten Zuständen: als Flüssigkeit oder verfestigt als Eis oder als Dampf (Wolke). Die Temperatur-Skala (via „Licht-Energetik" [124]) gibt an, wann welche Zustandsform erreicht wird. Die Verfestigung „geht nach unten", die Verdampfung „nach oben"…

Mit der „roten Erde" kann auch das Blut-Plasma eingeholt werden, dessen Wärme einem lebendigen Feuer gleicht; das im Blut enthaltene Eisen reagiert energetisch auf Licht als „Kraft-Strom". Dem Licht wiederum entspricht der Geist, der das Innere des Geschöpfs „durch-flutet" wie Wasser: so wird in Adam das „Selbst-Be-Wusst-Sein" ausgelöst und ein-geborgen als „Ge-Wusst-Sein". Der Vorgang selbst mag der Kaskade eines Wasserfalls gleichen: von Zentrum zu Zentrum er-wächst die göttliche Durch-Dringung von Geist (Innen), Seele (Psyche) und Leib (Außen) [125] als ein „Empor im Voran". [Denn Geschöpfe sind auch Elektronen, Atome, Moleküle, Zellen, Organe usw.! (Über dem Eingangstor des Botanischen Gartens zu Marburg steht das Wort „Deus Minibus Maximus" – „Gott ist im Kleinsten der Größte".)] So verstanden ist die Selbst-Reflexion gleichzeitig Selbst-Erfahrung [126].

Bei der Erschaffung Evas versetzt Gott Adam in einen Tief-Schlaf; damit jedes Zentrum in ihm angehalten wird als „Raum-Zeit-Punktualität" von Ruhe und Bewegung in eins. Nach außen hin ist nur eine Ohn-Macht [127] ersichtlich... Michelangelo malt dem verdeckten Engel unterhalb des Vaters dessen Rücken-Partie kraftvoll aus: es ist die Wirbel-Säule, die hier „an-zieht": ein Hinweis darauf, dass die „Rippe" gar nichts anderes war als der Schwanz des auserwählten Primaten [128], der verenergetisiert durch Adam, dem lebendigen „Gebäude", hin-durch-geschleust wird als „Licht-Kraft-Feld", um in diesem gänzlich „abzuregnen": „tiefen-wirksame Spekulation/Spiegelung"! Adam gibt Eva Form, „Figur" - er „gestaltet" sie mit – deshalb sein Jubelruf!

Der Schöpfer verschließt die Stelle – der Schwanz ist nicht mehr da, wo er früher war. Erwacht ent-deckt Adam seine Eva als Gabe und Er-Füllung in eins, als inneres „Hoch-Zeit-Gewand"; gleitet sie aus ihm heraus, dann umhüllt sie ihn als „Mantel der Liebe" gleich einem Schleier (das ist der tiefere Sinn der „Islam-Schau") ähnlich einer „Aura-Duft-Wolke" (cf. das „Hohe Lied" Salomos). Beide sind füreinander eine „geheime Offenbarung als offenbares Geheimnis". Der Vergleich mit den Zustands-Möglichkeiten des Wassers legt diese „Optik" nahe. Eva ist in ihrem Herausgetreten-Sein das Kleid Adams. Und: „Beide waren nackt, aber sie schämten sich nicht voreinander..."

b)   Der Sünden-Fall.

Die Bibel – so auch Hildegard – vergleicht den Menschen mit einem „*Baum, gepflanzt an den Wassern des Lebens*" [129]. Als „*der Baum des Lebens und der Erkenntnis*", der in der Mitte des Paradieses stand, sind sie in Einheit selbst diese Mitte [130]; getrennt werden sie auch als „*der Baum des Lebens*" und der „*Baum der Erkenntnis*" [131] bezeichnet.

Im Kleid der Schlange verbirgt sich der Versucher – sie „*war listiger als alle Tiere des Feldes, die Jahwe Gott gemacht hatte. Sie sprach zum Weib: ‚Hat Gott wirklich gesagt: ihr dürft nicht von allen Bäumen des Gartens essen?'...*" [132] W i r k l i c h ??? Genau damit wird der Anfang des Zweifels gesetzt. Und wieder greift die „Freiheit zur Entscheidung", hin zu einer neuen Art von „Freiheit der Entschiedenheit" für die beiden. [133] Eva wird auf wird auf sich gebeugt – ein echter Dialog findet nicht statt (gleich einer Parabel, die eine Gerade im Unendlichen „schneidet" – d.h.: gar nicht). Ziel ist hier ein Ab-Schneiden, eine Trennung von Gott und vom Manne: *„Das Weib antwortete der Schlange: ‚Von den Früchten der Bäume des Gartens dürfen wir essen. Nur von den Früchten des Baumes, der mitten im Garten steht, hat Gott gesagt: Ihr sollt nicht davon essen und nicht daran rühren, damit ihr nicht sterbt."* Die Antwort der Versucher-Schlange: *„Keineswegs, ihr werdet nicht sterben. Vielmehr weiß Gott, dass an dem Tage, da ihr davon esst, euch die Augen aufgehen und ihr sein werdet wie Götter, die Gutes und Böses erkennen."* [134]

Wie der Volksmund es so treffend charakterisiert: „Der Teufel sitzt stets im Vergleich" - das winzig kleine Wörtchen „w i e " besorgt den Unterschied... (Das gilt objektiv wie subjektiv, absolut wie relativ?! Und es geht um das Phänomen von „Selbst-Verliebtheit" als „Selbst-Anbeterei" einer „Selfie-Generation").

Greift man den Vergleich mit der Lourdes-Madonnen-Flasche auf, die mit Wasser gefüllt gleichsam eine zweite Person abbildet i m Gefäß, so ist ein Ver-Gleichen erst dann möglich, wenn man die „Füllung" herausholt und zu einem Gegenüber macht. Genau das geschieht mit Adam und Eva in der Versucher-Szene: "*... das Weib sah, dass der Baum gut zu essen wäre und lieblich anzusehen und begehrenswert, um Einsicht zu gewinnen...*" (Es ist das „Begehren", das Rowling in ihrem Spiegel meint.) Hier geht es um die Fruchtbarkeit der beiden? Um an die F r u c h t her-anzukommen, versucht die Schlange, beide zu t r e n n e n ...; erst im „Danach" vermeint sie, letztere „schnappen" zu können?!

c)   Der ge-erde-te Himmel.

Positiv beschreibt das Schweigen Gottes eine Ver-Setzung in die Situation der „Freiheit der Ent-Scheidung" hinein. Negativ wird dies auch als „Ab-Wesenheit" Gottes erfahren? (Dies wäre auch die grundsätzliche Ermöglichung von „A-Theismus" überhaupt!) Dieses „Fehlen Gottes" wird in der Mystik auch als „Nacht" beschrieben (weil Er „in unzugänglichem Licht wohnt").

Der Versucher in Schlangen-Gestalt wird als „Luzifer" (lat.) bzw. „Phosphor" (griech.), also „Licht-Träger" bzw. „-Bringer" vorgestellt, und so ist die Schlange selbst auch ein Symbol für einen B l i t z .[135] In asiatischen Mythologien wird eine bestimmte Körper-Energie als „Schlangenkraft"[136] bezeichnet, die via meditativer Praxis vom Steißbein her durch die Wirbelsäule hinaufziehen kann, „von unten nach oben"...

Standen Adam und Eva vor einem „pubertär" anmutenden Reife-Sprung?

Dann ging es in Wahrheit um ein Drittes, d a s   Kind! (Nietzsches Satz gibt zu denken: „Wer einst den Blitz zu zünden hat, muss lange Wolke sein": Rowlings Roman-Schlüssel - „der Junge, der überlebt hat"/„the boy who lived" - erscheint hier in einem doppeldeutigen Licht?) Kapitel 12 der Apokalypse spiegelt diesen „Sachverhalt"... Aber etwas war schiefgegangen?

Die spätere „Gerichts-Verhandlung" v o r (nicht mehr i n) Gott deutet auf einen mehrfachen „Verkehrsunfall" hin: der Schlange gelang es zwar, beide voneinander zu trennen; doch die Frucht als Ziel hatte sie offensichtlich verfehlt... Dies scheint durch die

„Blitz-Ent-Zündung" passiert zu sein? Der Versucher wurde selbst abgebunden, „ver-wandelt" zur „dunklen Materie" - und seines eigenen „Lichtkleides" beraubt; quasi „entleibt"…

Die Schlange wird verflucht n a c h der Tat [137] (hier ist der Ur-Sprung aller „Fluch-An-Wandlungen" gegeben, wie sie in der Saga Rowlings „aufleuchten"): *„Feindschaft will Ich setzen zwischen dir und dem Weibe, zwischen deinem Spross und ihrem Spross. Er wird dir den Kopf zermalmen und du wirst ihn an der Ferse treffen."* [138] (Ab da gelten alle Prophezeiungen als „Waffen"?) Daran hatte das „Versucher-Duo" wohl nicht gedacht: dass ein „Aufstieg" in die „Wie-Götter-Werdung" zuerst einmal eigene Fähigkeiten antei-lig dem Menschen „zu-fallen" ließ? (Voldemort übertrug unge-wollt einen Teil seiner eigenen „Seele" an Harry!) Das Ergebnis ist Un-Voll-Kommen-heit (ein ungetrübtes „In-Gott-Da-Sein" ergibt einen Status „jenseits von Gut und Böse", weil keinerlei Wahl nötig ist; eben dies war ja die Situation der beiden vor dem Fall im Paradies!)…

Was theologisch später als „Erbsünde" deklariert wird, erscheint hier schlicht als „Mit-Gift" aus dem Ge-Wusst-Sein des gefallenen Unsichtbaren. Denn beide, Adam und Eva, wurden durch den selben „Blitz-Einschlag" ge-erdet, ver-materialisiert; sie bekamen Erkenntnisse des Himmels „ein-gestiftet", die sie so vorher nicht hatten. (Ab da gilt wohl, dass alle ihre Nachkommen mehr oder weniger auch „medial Veranlagte" sind!) Und Gott zieht Sich zurück im Schweigen, da Er den Thron der Liebe in der Herz-Mitte der beiden verloren hat? Aber nur das ist wirklich verloren, was man aufgibt! Die Segens-Verheißung „trotzt" dem Fall – die erneute Zu-Wendung des Schöpfers zum Menschen hin (dies wird später „Heils-Geschichte" genannt) macht hoffen.

In Rowlings Sprache hat der Versucher im Schlangen-Mantel sich selbst d e n „Horkrux" schlechthin „besorgt", blitz-schnell!

Der Göttliche Schweige-Raum lässt sich als Sachverhalt erspüren in Rowlings Beschreibung des fest verschlossenen Zentrums in der Mysteriums-Abteilung des Zauberei-Ministeriums, das von den „Todessern" nicht betreten werden kann. Dass sie trotzdem mit ihrem Anführer einen „Zutritt" da hinein versuchen, macht den Charakter ihrer Verdorbenheit wie Verderbnis aus: „Ums Verrecken geben die nicht auf!" [139] (In Rowlings Roman wird deutlich gemacht, dass die Todesser Harry als „Tür-Öffner" brauchen - wegen der Prophezeiung als einer "Waffe"!?!)

„Heils-Geschichte" wird in der Bibel fassbar gemacht als ge-ERDE-ter HIMMEL, wie die Szene mit Jakob veranschaulicht; der träumt: *„Siehe, eine Leiter war auf die Erde gestellt, deren Spitze den Himmel berührte... Engel Gottes stiegen daran auf und nieder... Jakob erwachte... und sprach: ‚Wahrlich, Jahwe ist an dieser Stätte, und ich wusste es nicht!' Er fürchtete sich und sagte: ‚Wie furchtbar ist dieser Ort! Hier ist nichts anderes als das Haus Gottes und hier ist die Pforte des Himmels!* " [140] Dass er als Träumer in seinem eigenen Kopf das „Haus Gottes und die Pforte des Himmels" wahrnimmt, zeichnet diesen Stammvater der Israeliten aus, denn diese Leiter in seinem Traum gilt als Himmels-Achse und geht mitten durch ihn hindurch! [141] (Das Signet auf dem Grabstein der drei Brüder!)

d)   Der Dienst der Unsichtbaren.

In der Bibel sind die Engel als für uns Unsichtbare grundsätzlich der Natur des Lichtes zugeordnet. Sie werden in ihrer Direkt-Verbundenheit mit Gott als ihrem Erzeuger auch „Licht-Stäbe" genannt, weil der „Thron Seiner Herrlichkeit ihr Zeugungsort und ihre Heimat" ist. Die Gefallenen dagegen gleichen den Blitzen, die im „Zickzackkurs" zur Erde stürzen.

Ihr Da-Sein auf Erden wird erst anhand ihrer Aus-Wirkungen erspürt, und im Unterschied zu den Gestürzten treten sie auch – wenn es ihrer Sendung entspricht – in Menschengestalt auf (ihr Gegenbild wird in den Besessenen beschrieben, wie etwa bei Rowling mit Quirrel). Sie sind in der Lage, als „Götter-Söhne" das Mensch-Sein von innen her „abzulesen" und nachzubilden. [142] (Die umgekehrte Richtung beschreibt Saulus-Paulus [143].)

Einen kuriosen Zusammenhang macht die Bibel erkenn- und ausdeutbar: *„Als die Menschen anfingen, sich auf der Erde zu vermehren, und ihnen Töchter geboren wurden, sahen die Gottessöhne, dass die Menschentöchter zu ihnen passten, und sie nahmen sich Frauen aus allen, die ihnen gefielen… Die Nephilim lebten damals auf Erden (auch später noch), als die Gottessöhne mit den Menschentöchtern verkehrten und diese ihnen Kinder gebaren, jene Helden der Vorzeit, die berühmten."* [144] So, als wäre der griechische „Olymp" mit seinen Göttern und Halbgöttern genau darauf „aufgebaut" (von wegen „Reinheit des Blutes", „Halbblut-Prinzen" usw.)?!

Man muss sich also auch darüber im Klaren sein: Diese „Optik" führt direkt zu den Quellen magischer Künste hin… (Nach J.K. Rowling macht dies den „Familien-Stolz" der Reinblütigen aus)

Die Bibel nennt die von Gott zu den Menschen gesandten Wesen „Engel" (griech.: „angelos"/ lat.: „angelus"): „Boten". Sie sind als Vermittler Überbringer von Erkenntnissen, Gebets-Erhörungen und bewirken Wunder; sie beschützen und begleiten [145]. Sie erfüllen ganz den Willen des Schöpfers (was ihrem inneren Wesens-Kern gemäß der Vaterunser-Bitte Jesu entspricht: „Dein Wille geschehe, wie im Himmel, so auch auf der Erde!"). Insofern gilt, dass der Himmel dort ist, wo Gott d a ist. In der Umkehrung gilt: die Erde — aus theologischer Sicht! — ist offenbar eine Art „Negativ-Mittel-Punkt" des Universums, weil auf ihr nicht der Wille Gottes uneingeschränkt zur Geltung kommt. Sie gleicht daher einer von der Macht des Bösen errichteten „Festung" [146] („Konzentrations-Lager"!)...

In Konsequenz hätten wir *„die Aussagen der Heiligen Schrift viel realer und zunächst einmal ernst zu* nehmen. *Danach ist die ganze Schöpfung, die geistige Welt wie der irdische Kosmos, als ein großer Stufenbau zu denken",* - wie es das Mittelalter ja mit Hildegard sah — *„in dem Engel wie Mensch seinen festen Platz hat, in dem aber der höhere Engel dem Menschen zu Botschaft und Diensten steht, um ihm auf dem Weg zu seinem Heil Führung, Geleit und Trost zu geben".* [147]

Was den Widersacher Gottes auf Erden angeht, so bezeichnet die Bibel ihn als Schlange und Drachen, in seiner Funktion jedoch deutlicher als den „Satan" („Ankläger") und „Teufel" („Durcheinander-Würfler" (verballhornt aus dem griech. „diabolos / lat. „diabolus"). Zur „Person" (abgeleitet von „personare"= „durchtönen") wird ein Geschöpf erst, wenn Sich der Schöpfer Selbst in ihm ganz mit-ausspricht. Ohne Ihn sind diese nur „Un-Personen" - namen-lose „Funktionäre"...

Dieses „Person"-Sein wird identifizierbar mit der Herz-Mitte: Wer im biblischen Sinne ein Herz hat, hat auch einen Namen (die von Engeln sind in der Schrift selten). [148] Dafür steht beispielhaft „Jakob-Israel" Modell:

„. . . *Da rang einer mit ihm bis zum Anbruch der Morgenröte. Als dieser sah, dass er ihn nicht überwinden könne, berührte er ihn an der Hüftpfanne, so dass die Hüftpfanne Jakobs ausgerenkt wurde, während er mit ihm rang.*" Eine bloße Berührung macht Jakob kampfunfähig? Und dann fragt er ihn: „*Wie heißt du? Er antwortete: ,Jakob.*' Da sagte jener: ,*Du sollst nicht mehr Jakob heißen, sondern Israel; denn du hast dich Gott gegenüber als stark erwiesen, und über Menschen wirst du siegen.*' *Da fragte Jakob und sprach: ,Tu mir doch deinen Namen kund!*' *Er aber antwortete: ,Warum fragst du mich nach meinem Namen?*'" [149] Anders: „Du selbst bist die Antwort!" (Übersetzt lautet „Israel": „Kämpfer gegen / mit / für Gott")

2   Heim-Suchungen.

Das Wort „Heimsuchung" wird meist negativ verstanden, obwohl es zuerst positiv bedeutet, dass man ein Heim, ein „Zuhause" sucht. Dass dies allerdings oft genug mit Beschwernissen verbunden ist, macht „Heimsuchung" als ein „Geplagt-Sein" eher begreiflich. Die Mehrdeutigkeit dieses Begriffs wird im Kampf Jakobs mit dem Unbekannten fassbar: Im Licht der Umkehrung gilt: Gott Selbst sucht im Menschen ein Zuhause, daher „Israel"!

Im Buch Daniel wird „Michael" als Völker-Engel Israels vorgestellt: dass Jakob es mit diesem Engel zu tun hatte, ist wohl klar („Mikael": „Wer-ist-WIE-Gott?!"). [Da der Sündenfall mit dem kleinen Wörtchen „wie" eingeleitet wurde, bewirkt das große „WIE" in diesem Engel-Namen eine Rück-Holung als Rück-Findung/-Bindung der „Heimkehr" Gottes zum Menschen hin und umgekehrt, ohne die Freiheit zu zerstören.] Jakobs nächtliche „Heim-Suchung" passiert im „An-Griff" als „Zu-Griff": der Unbekannte überfällt völlig unerwartet den vor seinem Bruder Esau Geflüchteten! Erst als es Morgen wird und die Sonne bald aufgeht, redet der Gegner den Jakob an: *„Lass mich los, denn die Morgenröte bricht an!"* [Unter den Engeln bringt nur „Michael" die Trennung zwischen Licht (Tag) und Finsternis (Nacht) „namentlich" zustande.] Kurios ist, wie dieser Kampf endet: Jakob bekommt nicht „den Todesstoß" versetzt, sondern erfährt eine sanfte Berührung, die ihn zum Aufgeben „zwingt". Darin leuchtet auf: „Unser Gott ist ein Gott, der wacht, und nicht ein Gott, der überwacht. Man überwacht im Namen des Gesetzes, man wacht im Namen der Zartheit." (J.L.)Diese Szene offenbart noch ein anderes Geheimnis: Adam und Eva konnten im Sündenfall trotz der vorausgegangenen „luziden" Gottes-Er-Kenntnis nicht die unverzeihbare „Sünde gegen den Heiligen Geist" begangen haben – sonst wäre „Heils-Geschichte" unmöglich geworden! Diese Sünde geschah offenbar am Anfang der Schöpfung und im Engels-Gericht, *„als alle Morgensterne auf-jauchzten"* im Göttlichen „Schöpfungs-Orgasmus". Das war wohl auch „Jüngstes Gericht": „Hin- bzw. Her-Richtung zu Ewiger Jugend" (oder Verdammnis)?! Das Erlöschen der Strahl-Kraft im Sturz bewirkt auch „Um - Nachtung"... Im Gegenzug gilt: „Die

Mitte der Nacht ist der Anfang des Tages" (Weihnachten: es ist „Weihe der Nacht" – zum Licht hin).

a)   Moses – „der Junge, der überlebt hat".

G.K. Chesterton hat einmal notiert, die Wege des Herrn seien „unergründlich – aber sie führen immer zum Ziel"… Das lässt sich in der „Moses-Erzählung" der Bibel ausleuchten:

Weil die Hebräer im Land Ägypten sich rasant vermehrten, suchte ein Pharao, der von Joseph nichts mehr wusste [150], diesen Volksstamm einzuschränken und zwang ihn zur Fronarbeit. Vorher relativ frei, mussten die Hebräer in Knechtschaft dienen. Doch er erreichte nicht sein Ziel; daher befahl er den ägyptischen Hebammen: „*Wenn ihr den Hebräerinnen Geburtshilfe leistet, dann achtet auf die beiden Steine. Ist es ein Knabe, so tötet ihn; ist es ein Mädchen, so mag es am Leben bleiben.*" Die Hebammen hielten sich nicht an diese Weisung, und erklärten ihr Verhalten so: „*Die Hebräerinnen sind nicht wie die ägyptischen Frauen; sie sind lebenskräftig, dass sie schon geboren haben, ehe die Hebammen kommen.*" Das missfiel dem Pharao und er befahl: „*Werft alle Knaben, die den Hebräerinnen geboren werden, in den Fluss; alle Mädchen aber lasst am Leben.*"

Im Falle von Moses sah dessen Mutter, „*dass er schön war*" [151], und so versteckte man das Kind drei Monate lang vor Häschern. Als sie den Knaben nicht länger verbergen konnten, setzten sie ihn in einem Schilfkörbchen auf dem Nil aus; seine Schwester wurde als Beobachterin angestellt, „*um zu sehen, was mit ihm geschehen würde*". Die Pharaonen-Tochter rettet den Jungen. Die Schwester bietet dieser die echte Mutter als „Amme" an; diese sagt zu und entlohnt die „Amme" für ihren Dienst! Als dann „*der Knabe größer geworden war, brachte sie ihn der Tochter des Pharao. Diese nahm ihn als Sohn an und nannte ihn Mose; ‚denn‘, sagte sie, ‚aus dem Wasser habe ich ihn gezogen‘.*" Dieser Name kann doppelt gedeutet werden: „aus-dem-Wasser-Gezogener" bzw. „Kind" (und ist eben damit auch ein „Allerwelt-Name"?) …

b)   Vom Menschen-Namen zum Gottes-Namen.

Herangewachsen weiß Moses um seine wahre Herkunft. Daher erlebt er den Umgang der Ägypter mit den Hebräern als krasse Ungerechtigkeit. Eines Tages gerät er in Zorn und erschlägt einen Aufseher – wobei er sich unbeobachtet wähnt. Als er ein andermal einen Streit zwischen zwei Volksgenossen schlichten will, fährt einer ihn an: „*Wer hat dich zum Obmann und Richter über uns bestellt? Willst du auch mich totschlagen, wie du den Ägypter totgeschlagen hast?*" [152] Moses erschrickt zu Tode; und auch der Pharao erfährt von der Sache – und will ihn umbringen lassen.

Moses flieht Hals über Kopf in das Land der Midianiter. Dort lässt er sich als Hirte anstellen, und heiratet später eine Tochter des Priesters von Midian. Einmal treibt er seine Schafherde über die Steppe hinaus „*und kam zum Berge Horeb. Da erschien ihm der Engel Jahwes in einer Feuerflamme, mitten aus einem Dornbusch heraus. Und er sah hin…, der Dornbusch brannte im Feuer, aber der Dornbusch wurde nicht verzehrt. Da dachte Moses: ,Ich will doch hingehen und dieses seltsame Schauspiel betrachten, warum der Dornbusch nicht verbrennt!* " [153] Als er auf ihn zugeht, wird er vom Unsichtbaren bei seinem Namen zweimal angerufen und aufgefordert, nicht näher zu kommen, mit der Begründung: *„Ziehe deine Schuhe von deinen Füssen, denn der Ort, auf dem du stehst, ist heiliger Boden!"* Er soll sich also von unten her nackt vorstellen!

Nun kann dieser Fuß-Boden ja nur deshalb heilig sein, weil die Gegenwart des Heiligen – „Gelobt sei Er!" – diesen heilig macht. Was für ein Selbst-Zeugnis ist das, von Gott her zum Menschen hin gesehen? Er – noch viel niedriger als die Fußsohlen des so An-Gerufenen?! „Natürlich" wird damit auch an Adam erinnert – den „von-der-roten-Erde-Genommenen". Und dann gibt sich der Unsichtbare zu erkennen: *„Ich bin der Gott deines Vaters, der Gott Abrahams, der Gott Isaaks und der Gott Jakobs."* Worauf Moses sein Gesicht verhüllt, *„denn er fürchtete sich, Gott anzuschauen"* [154].

Dieser offenbart Seinen Namen: „IHWH" – er wird übersetzt als „ICH-BIN-DER-ICH-BIN(-DA)" [155] – zentrale Aussage reinster Gegen-Wart, „ausgespannt und verdichtet" in Raum – Zeit – Punktualität...

Er erfährt sodann, dass er der Auserwählte sei, den Gott dazu berufen hat, Sein Volk – die Israeliten – aus der Sklaverei Ägyptens herauszuführen in ein Land, das ihm noch gezeigt werde. Moses widerstrebt diese „Bestimmung": *„Wer bin ich, dass ich zu dem Pharao gehe...?"* Ohne Legitimation ist er weder diesem noch den eigenen Volksgenossen willkommen! Ihm wird geantwortet: „*So sollst du zu den Israeliten sagen: Der Ich-Bin hat mich zu euch gesandt... Dies ist Mein Name für alle künftige Zeit und dies Meine Benennung von Geschlecht zu Geschlecht.*" [156]

c)   EL – Der Stab.

Mit Absicht wird hier Rowlings „mächtigster Zauberstab" aufgegriffen, weil in demselben die Silbe „El" steckt: „Elderstab". Mit „EL" gelangt ein anderer Gottes-Name zur Verwendung.

Davon weiß Moses aber (noch) nichts. Er weiß nur, dass er mit erheblichen Widerständen zu rechnen hat, wenn er „im Namen Gottes" auftritt: „*Wenn sie mir aber nicht glauben und nicht auf mich hören und sagen: Jahwe ist dir nicht erschienen?*" Was dann? Darauf antwortet Er: „*'Was hast du da in deiner Hand?' Er antwortete: ,Einen Stab.' Da befahl Er ihm: ,Wirf ihn auf den Boden!' Als er ihn auf den Boden geworfen hatte, wurde der zu einer Schlange. Moses ergriff vor ihr die Flucht. Hierauf sprach Jahwe zu Moses: ,Streck deine Hand aus und fasse sie am Schwanz!' Er streckte seine Hand aus, packte sie, und sie wurde in seiner Hand wieder zum Stab.*" Und er bekommt die Erklärung, dies solle als Zeichen dienen, „*'damit sie dir glauben, dass dir Jahwe, der Gott ihrer Väter, der Gott Abrahams, der Gott Issaks und der Gott Jakobs erschienen ist.*" [157] D a s   ist   „ EL - D E R - STAB " ! Er bezeugt in seiner Aus-Wirkung die Bedeutung des Fluches an die Adresse der Schlange („*Auf den Bauche sollst du kriechen und Staub fressen alle Tage deines Lebens!*" [158]) – darin ist auch der Pharao gebunden...

Damit Moses nicht allein dasteht, wird ihm sein Bruder Aaron beigesellt, der ebenfalls mit einem Stab ausgestattet wird. *„Jahwe sprach zu Moses und Aaron: ‚Wenn der Pharao euch auffordert: ‚Wirkt doch ein Wunder!‘, dann sprich zu Aaron: ‚Nimm deinen Stab und wirf ihn vor den Pharao hin. Er wird zu einer Schlange werden.‘ Moses und Aaron kamen zu dem Pharao und taten, wie Jahwe ihnen befohlen hatte. Aaron warf seinen Stab vor den Pharao und seine Diener hin, und er wurde zu einer Schlange. Da ließ der Pharao die Weisen und Zauberer rufen, und die ägyptischen Zauberer taten dasselbe mit ihren Zauberkünsten. Alle warfen ihre Stäbe hin, und diese wurden zu Schlangen. Aber der Stab Aarons verschlang ihre Stäbe.“* [159]

Die Stäbe von Moses und Aaron wirken im Verlauf der Auseinandersetzungen mit dem Pharao weitere Wundertaten, doch *„die ägyptischen Zauberer taten mit ihren Zauberkünsten dasselbe. Deshalb blieb das Herz des Pharao verstockt…“* [160] Die „End-Abrechnung“ zwingt den Pharao jedoch, die Hebräer ziehen zu lassen. Doch als sie weg sind, „reut“ es den Herrscher der Ägypter, und er lässt den Treck verfolgen. Doch der Stab des Moses dient dazu, die Wasser des Roten Meeres zu spalten, so dass das Volk der Israeliten trockenen Fußes hindurch kommen kann. Da das feindliche Heer ihnen nachsetzt, anstatt anzuhalten, lässt Moses die Wasser mit Hilfe dieses Stabes wieder zusammenfluten – die Verfolger werden von den Wassermassen verschlungen. [161]

Aber auch später, als das Volk bereits mitten in der Wüste ist und vor Hunger und Durst gegen Gott und Moses aufbegehrt, ist der Gottes-Stab gefragt: *„Gehe dem Volk voraus!“* befiehlt Er. *„Nimm einige von den Ältesten Israels mit dir; und deinen Stab, mit dem*

du den Nil geschlagen hast, nimm ihn in deine Hand und gehe! Ich werde
Mich dort vor dir auf den Felsen von Horeb stellen. Schlage dann auf den
Felsen, es wird Wasser aus ihm hervorfließen, und das Volk kann
trinken." [162]

Der Stachel sitzt: *„Ist Jahwe unter uns oder nicht?"* [163] (denn Zweifel
können zur Verzweiflung führen, wenn man sich nicht in Geduld
übt.) Das Wasser-Wunder bezeugt die Göttliche Wirk-Macht im
Stab, die andernorts aufstrahlt: *„Moses streckte seinen Stab zum*
Himmel empor und der Herr ließ es donnern und hageln. Blitze fuhren
auf die Erde hinab..." [164] Diese unsichtbare Kraft ist „EL" - Gott
[165] und drückt sich aus in ihren Wirkungen (Sturm, Feuer, Hagel,
Blitze usw.): Gott erscheint als der All-Mächtige, vor dem man
Angst haben muss? [166]

Er führt das Volk durch die Wüste, treibt es bewusstseins-mäßig
„in die Enge" (die Revolte: zwischen „Widerstand und Erge-
bung", zwischen Ungehorsam und Gehorsam?) [167] – vierzig Jahre
lang! Das Ziel ist das „Gelobte Land" – doch bis dorthin ist es
noch ein weiter Weg...

d)   Elias – Korrektur eines Gottesbildes.

Die Vorstellungen von Gott sind so vielfältig wie die Menschen
selbst. Der Mensch, „geschaffen nach Seinem Bild und Gleichnis"
spiegelt diese „Gleichungen" auf vielfältige Weise wider: „Wie
soll man das auf einen Nenner bringen?!"

Das Handeln des Moses kann dank des Gebrauchs des Stabes als mittelbare, weil vermittelte Beauftragung verstanden werden, „im Namen Gottes" aufzutreten. Doch war er nicht berufen, die Götter der Ägypter zu eliminieren bzw. deren Anhänger!

Bei Elias ist dagegen die Unmittelbarkeit in seinem Namen auch Grund für „Fanatismus"? Denn bei ihm ist alles anders: Er gilt ja als d e r Prophet schlechthin! Und der Gott, den er „vertritt", verträgt keine Konkurrenz von anderen Göttern. Er tritt auf als Eiferer, als „Hardliner" – denn sein Name ist Programm: „Mein-Gott-ist-Jahwe"! Seine Bedeutung *„für seine Zeit liegt zweifellos darin, dass er … kompromisslos für die ausschließliche Verehrung Jahwes eintrat, die Jahwe-Religion festigte und die Zeitereignisse im Urteil Jahwes sehen lehrte. Jahwe, nicht Baal, ist der Herr der Natur…, Herr über Leben und Tod…; Er will Recht und Gerechtigkeit und ahndet das Unrecht."*[168] Er steht „aufrecht, gerade wie ein Stab" da – ja er ist der personifizierte „Stab" in Menschengestalt [169]. Wo es um den rechten Kult und um die Treue zu Gott geht, scheut er nicht einmal den Rechts-Streit mit dem König und dem Volk!

Königin Jezebel hatte den religiösen Abfall „besorgt" mit der Einführung des Baals-Kultes. So fordert Elias eines Tages alle heraus: *„Ich bin als einziger Prophet Jahwes übriggeblieben, der Propheten Baals dagegen sind es vierhundertundfünfzig… Wie lange wollt ihr auf beiden Seiten hinken? Ist Jahwe der Gott, so folgt Ihm nach; ist es aber Baal, so folgt ihm nach!"* [170] Das Volk aber verweigert sich und *„erwiderte ihm kein Wort"*. Einer gegen alle? Das ist „die Ruhe vor dem Sturm"! Denn diese „Bockigkeit" des starrsinnigen Volkes „motiviert" Elias „erst recht"?!

Um die Mauer der Verweigerung einzureißen, schlägt Elias eine
„Opfer-Schau" vor: die Baals-Priester sollen einen Altar für ihren
„Gott" errichten, auf den sie ihre Gaben legen; sodann möge ihr
„Gott" dieselben annehmen... Er selbst baut einen aus Steinen
gefertigten Altar und legt sein Opfer obenauf, das er sogar noch
mit Wasser begießt! Danach verkündet er: *„Der Gott nun, der mit
Feuer antwortet, der soll Gott sein!"* *„Da erwiderte das ganze Volk: ,So
ist es recht!* " [171]

Erfolg hat aber nur Elias:

*„Da fiel das Feuer Jahwes herab und verzehrte das Brandopfer und die
Holzscheite, sogar das Wasser im Graben leckte es auf. Als das Volk das
sah, fielen sie auf ihr Angesicht und sprachen: ,Jahwe ist Gott, Jahwe ist
Gott!* " [172]

Elias „nutzt die Gunst der Stunde" und lässt nach diesem „Gottes-
Gericht" die Baals-Diener „mit Stumpf und Stiel ausrotten" – hat
aber nicht mit der Königin Jezebel „gerechnet", die ihm nun
Rache androht: *„Die Götter sollen mir dies antun und jenes, wenn ich
nicht morgen um diese Zeit dein Leben eines jeden von ihnen gleich-
gemacht habe!"* *„Da geriet er in Angst, machte sich auf und davon, um
sein Leben zu retten."* [173] Er flieht – ähnlich wie Moses – in die
Wüste; dort legt er sich unter einen Ginsterstrauch und wünscht
sich den Tod (aber „mit weicher Landung"): *„Nun ist es genug,
Jahwe! Nimm meine Seele hin; ich bin ja nicht besser als meine Väter!"*
Um dann erschöpft einzuschlafen... Doch statt erhört zu
werden, wird er zweimal von einem Engel geweckt, der ihn mit
einem Krug Wasser und einem Brotfladen versorgt, ihn damit
stärkt und erneut auf den Weg schickt.

„Da stand er auf, aß und trank und wanderte in der Kraft jener Speise vierzig Tage und vierzig Nächte bis hin zu dem Gottesberg, dem Horeb."

Dort angekommen sucht er Zuflucht in einer Höhle. Da wird er angesprochen: *„Was tust du hier, Elija?"* Jahwe lässt Elias berichten und der endet: *„... und nun stellen sie auch meinem Leben nach."* Der Herr fordert ihn auf, vor die Höhle zu treten. Und dann erlebt er: *„Ein gewaltiger, heftiger Sturm, der Berge zersprengt und Felsen spaltet"* ... - *„Erdbeben"*...- *„Feuer..."* - verhüllt von diesen Natur-Gewalten *„zog Jahwe vorüber"*; aber Er war nicht i n ihnen! *„Nach dem Feuer kam ein leises, sanftes Säuseln. Da, als Elija das vernahm, verhüllte er sein Antlitz mit einem Mantel, ging hinaus und trat an den Eingang der Höhle."* Und wieder fragt ihn die Stimme: *„Was tust du hier, Elija?"*

Dem Gewalt-Täter wird hier eine zentrale Korrektur seines bis-herigen „Gottes-Verständnisses" zuteil: Sein innerstes Wesen ist nicht tödliche Rachsucht, sondern Zartheit (Zärtlichkeit) als Aus-Druck von Liebe — leicht daherkommend wie ein Wind-Hauch im sanften Säuseln [174] (Er will ja nicht den Tod des Sünders, sondern dass der sich bekehrt und l e b t !)...

„Gnade vor Recht ergehen lassen" ist kein Zeichen von Schwäche gegenüber einem Übeltäter, sondern Ausdruck von Barmherzig-keit gerade aus Liebe! Die hebräische Sprache bringt mit dem Wort „rachamim" eine sehr bildhafte Anschauung, die sowohl „Barmherzigkeit" wie „Mutterschoß" bedeutet (die Höhle!). Elias muss für sich ganz persönlich einholen, dass in Gott Gerechtig-keit, Liebe und Barmherzigkeit Schwestern sind — erst in diesem

Drei-Klang wird man lebendig-sehend! Wer Ihm gehören will, braucht alle drei als Orientierungs-Hilfen - und nur so bleibt man „human", menschlich...(Das gilt auch für Harry, von dem Rowling sagt, er müsse erst erlernen, ein Werkzeug für das Gute im Kampf gegen das Böse zu sein.)

e)   Auserwählte und Lieblinge Gottes – Daniel und Tobias.

Waren Moses und Elias eindeutig Auserwählte, so sind Daniel und Tobias Lieblinge Gottes: Wo liegt da der Unterschied? (Auch Rowling spielt mit diesen „Etiketten": Harry ist ein Auserwählter, aber auch Draco Malfoy; Tom Riddle war ein Liebling von Lehrern, Harry ist einer von Dumbledore und Hagrid.)

Was den Begriff der Auserwählung angeht, so erscheint hier als wesentliche Voraussetzung das Nicht-Wissen um die eigene Sendung, die erst durch ein bestimmtes Ereignis hindurch sich eröffnet als ein Gesandt-Sein zwecks Ausführung bestimmter Aufgaben usw.; ein Liebling dagegen darf sich als ein von Gott Angenommener empfinden, durch Höhen und Tiefen hindurch, ohne eine „Leistung" dafür erbringen zu müssen. In beiden Kategorien ist das Fundament von Bevorzugung die Freiheit Gottes selbst, aber auch die Treue-Haltung von Menschen Ihm gegenüber. Dass ein solches „Verhältnis" auch Krisen kennt, „versteht sich von selbst" (was im Buch Hiob äußerst pointiert angedeutet ist: *„Da prüfte Gott..."* [175] Man muss noch nie gelitten haben, um nicht zu wissen, wie hassenswert eine solche Rede ist?! [176] – bemerkte einmal Pierre Teilhard de Chardin.)

Die Daniels-Erzählung [177] ist ein Beispiel für die Treue-Haltung eines Menschen Gott gegenüber, die in der sog. „Babylonischen Gefangenschaft" nicht verloren geht, aber nach Antwort verlangt hinsichtlich der Zukunft des auserwählten Volkes Israel. Daniel wendet sich im Gebet an den Herrn – und bekommt eines Tages zu seiner Überraschung Besuch durch Gabriel, den Boten von Gott, der ihn anspricht mit *„Daniel, liebwerter Mann"* und das begründet „...*denn du bist ein Liebling*"! Der Engel führt dann weiter aus: „... *Denn schon seit dem ersten Tag, da du dich mühtest, Erkenntnis zu erlangen, ... sind deine Bitten erhört worden, und ich hatte mich eben deiner Bitte wegen auf den Weg gemacht.*" Das lange Warten auf eine Antwort von Gott hat aber einen bösen Grund: „... *der Fürst des Perserreiches stellte sich mir einundzwanzig Tage entgegen*" – was die Erde wiederum als einen von böser Macht „besetzten" Ort begreifen lässt?! -; „*doch siehe, da kam Michael, einer von den höchsten Fürsten, mir zu Hilfe; ich habe ihn im Kampf mit dem Perserfürsten allein gelassen. Nun aber bin ich gekommen, um dich wissen zu lassen, was deinem Volke am Ende der Tage begegnen wird...*" [178] („Fürsten" sind hier Völker-Engel.)

Die Tobias-Geschichte ist von völlig anderer Art und gilt, da es sich hier um Krankheit und Heilung, um Hochzeit und deren Gefährdung handelt, eher als „Erbauungs-Literatur". Dabei spielt die „Pilgerfahrt" des Tobias eine zentrale Rolle, insofern er – auf Wunsch des Vaters Tobit hin – sich einen Begleiter „aussucht", der diesem genehm ist, nichts ahnend, dass es sich hier um einen echten Engel in Menschengestalt handelt!

Grund für das Erscheinen und Begleiten des Engels ist Sarra, die Braut von Tobias, wegen ihres dubiosen Rufs - alle bisherigen Männer starben in der Brautnacht „plötzlich und unerwartet". Dass die Ursache dafür ein Dämon ist, der als „Liebhaber" keine Konkurrenten vertrug, war allen unbekannt geblieben! Um ihn „abzubinden", geschehen auf dem Wege zum Zielort hin merkwürdige „Vorbereitungen":

Als Tobias, vom Wandern ermüdet, an einem Fluss Rast macht und seine Füße ins Wasser taucht, schnappt ein großer Fisch nach diesen „Leckerbissen"; Tobias erschrickt und schreit auf – doch der Begleiter fordert ihn auf, den Fisch zu packen und an Land zu ziehen, der sich so „verbissen" hat. Gesagt, getan. Dann wird der gefangene Fisch zerlegt, getrocknet und im Gepäck verstaut. „Bruder Asarja"(so der menschliche Name des Engels) klärt Tobias unterwegs auf über den Wert und die Bedeutung der einzelnen Teile dieses Fisch-Fangs [179].

Am Ziel angekommen, wird alles für die Hochzeitsnacht vorbereitet (auch ein neues Grab wird still und heimlich wieder ausgehoben!). Doch Tobias denkt „an die Worte Raphaels" und ruft mit Sarra, Adam und Eva im Blick, den Schutz Gottes an [180]; er „nahm seinen Reisesack, holte Herz und Leber des Fisches hervor und legte sie auf die Räucherkohle. Der Rauch vom Fisch belästigte den Dämon, so dass dieser durch die Luft bis nach Ägypten entfloh. Raphael verfolgte ihn, fesselte ihn und erdrosselte ihn auf der Stelle." [181]

Nach diesen Geschehnissen gibt sich „Bruder Asarja" („Der Herr hilft") den beiden zu erkennen: *„Ich bin Raphael, einer von den sieben Engeln, die allzeit bereitstehen, vor die Herrlichkeit des Herrn hinzutreten... Denn nicht aus persönlicher Güte, sondern nach dem Willen unseres Gottes bin ich gekommen... Nun preiset den Herrn auf Erden. Denn ich steige auf zu Dem, Der mich gesandt hat."* [182]

Die Verhüllung in Menschen-Gestalt macht bewusst, dass jeder Engel in seiner wahren Natur für uns unerträglich ist: die „Licht-Strahl-Kraft", die ihn auszeichnet, bewirkt dies (insofern ist „jeder Engel schrecklich" [183]).

Raphaels Name bedeutet: „Gott ist Heilung" bzw. „Gott-hat-geheilt". So erfährt auch Vater Tobit („Der Herr ist gut") am Ende Heilung von seiner Erblindung.

Alle haben erlebt, was es bedeutet: *„Nicht alle unsere Wünsche, wohl aber alle Seine Verheißungen erfüllt Gott."* [184]

3   Die „Bethlehem-Passage".

In Bethlehem ist etwas „passiert", was in jederlei Hinsicht als Durch-Gangs-Ereignis für alle Beteiligten wirkt — nach rückwärts wie vorwärts; diese „Passage" führt mehrere Personen durch eine Enge hindurch zu Zielen hin, die ihnen vorher s o nicht bekannt und daher unerwartet waren.

Die Schwangerschaft Mariens und die Not des Unterkommens war das Eine; dass nach der Geburt des Kindes nach demselben „gesucht" würde, war das Andere (Pilger, König).

Es hat ferner mit dem Verfolgungs-Druck zu tun, der von Herodes in Gang gesetzt wurde, und der Begabung des Josef, dem Mann Mariens, dank richtiger Traum-Deutung (cf. Josef von Ägypten [185]) aus lebensbedrohlicher Situation rechtzeitig mit den Seinen herauszufinden…

In Bethlehem „passierte" folglich allerhand…

a)   Die Suche der Weisen nach dem Kind.

„Als nun Jesus geboren war, zu Bethlehem im Lande Juda in den Tagen des Königs Herodes, da kamen Weise aus dem Morgenland nach Jerusalem" und suchten akribisch in der ganzen Stadt nach dem Kind: „Wo ist der neugeborene König der Juden? Denn wir haben seinen Stern im Aufgehen gesehen und sind gekommen, ihm zu huldigen." [186] Sie ahnen nicht, dass sie mit eben dieser Recherche nicht nur das Kind, sondern auch sich selbst in Lebensgefahr bringen: „Als der König Herodes das hörte, erschrak er und ganz Jerusalem mit ihm."

Dessen Grausamkeit und Verschlagenheit samt verlogenen Versprechungs-Künsten war im ganzen Land bekannt. Für ihn war nur die römische Besatzungsmacht maßgeblich – der „fromme Schmus" war ihm gleichgültig so lange, wie dessen Vertreter ihm nicht in die Quere kamen. Dieser Fall aber scheucht alle auf, weshalb er *„alle Hohenpriester und Schriftgelehrten des Volkes zusammenkommen"* hieß – er lässt nachforschen. Die Auskunft: *„In Bethlehem im Lande Juda"* sei dieses Kind zu finden. *„Denn so steht geschrieben im Propheten: ‚Und du, Bethlehem, Land Judas, bist keineswegs die geringste unter den Fürstenstädten Judas, denn aus dir wird der Herrscher hervorgehen, der mein Volk Israel weiden wird.'"* [187]

Mit dieser Mitteilung versehen bestellt Herodes die drei Pilger heimlich zu sich und trägt ihnen auf: *„Zieht hin und forscht genau nach dem Kind, und sobald ihr es gefunden habt, lasst es mich wissen, damit auch ich komme und ihm huldige."* Er plant einen heimtückischen Mord!

b)   Selbst-Hingabe - Geschenke.

„Nachdem sie den König angehört hatten, brachen sie auf. Und siehe, der Stern, den sie im Aufgehen gesehen hatten, zog vor ihnen her, bis er ankam und stehenblieb über dem Ort, wo das Kind war. Als sie aber den Stern erblickten, hatten sie eine überaus große Freude. Sie traten in das Haus ein und schauten das Kind mit seiner Mutter Maria, fielen nieder und huldigten ihm. Dann öffneten sie ihre Schätze und brachten ihm Geschenke dar, Gold, Weihrauch und Myrrhe." [188]

Der Evangelist Lukas ergänzt: ein Erlass des römischen Kaisers Augustus, aus steuerrechtlichen Gründen *„den ganzen Erdkreis aufzeichnen zu lassen"* [189], war der Anlass für Josephs Reise hin nach Bethlehem. Diese „Steuer-Volkszählung" führte wohl auch zur

Überfüllung des Ortes, die sich schon allein aus Kostengründen (!) nach einigen Tagen wieder aufgelöst haben dürfte. Aufgrund der geburtlichen Situation Mariens darf spekuliert werden, dass sie hernach vom Stall in das Haus umgezogen waren (nicht nur im Orient sind solche Räumlichkeiten eng miteinander verbunden gewesen!). Somit konnte die „Armseligkeit" der Krippe mit der Geborgenheit eines Wohnraumes im Haus getauscht werden – was dem Erleben der drei Magier entspricht?

Ihre überaus große Freude ist Siegel der Echtheit im Anblick von Stern und Kind (eine solche kann man sich nicht selber machen, sie ist selbst ein Geschenk)! In dieser Hoch-Stimmung überreichen sie ihre Geschenke als Ausdruck eigener Selbst-Hin-Gabe: Gold (als Sonnenmetall das Zeichen des Königtums), Weihrauch (eine Mischung von Baumharzen und Rinden als kultisches Zeichen des Priestertums) und Myrrhe (als Salben-Mischung Zeugnis ärztlicher Heilkunst, die selbst den Tod „einholt"). Die Begegnung wirkt wechselseitig nach als Geschenk wie Beschenkt-Sein; die damit einhergehende Dankbarkeit bewahrt das Erlebte als Erinnerung auf – und schützt! [190]

c)   Herodes Ent-Täuschungen.

Ent-Täuschungen sind wohl dazu da, aus Täuschungen heraus zu finden, sobald sie als solche erkannt sind – gleich, ob man sich diese selbst „besorgt" hat oder andere einem, oder beides… Die drei „Weisen aus dem Morgenlande" (sehr wohl zur Oberschicht gehörend) waren von Herodes auf übelste Weise getäuscht worden! Und *„da sie im Traum die Weisung empfingen, nicht zu Herodes zurückzukehren, zogen sie auf einem anderen Weg heim in ihr Land."* So retteten sie ihr eigenes Leben vor dem Intriganten, der keine Mitwisser und Zeugen gebrauchen kann, wo es um Mord geht?

Auch Josef erfährt im Traum rechtzeitig von der Gefahr: *„Da stand er auf, nahm des Nachts das Kind und seine Mutter und floh nach Ägypten und blieb dort bis zum Tod des Herodes."* Aufgrund der Volks-Zählung waren sie registriert worden und, woher sie kamen – eine Heimkehr wäre konsequenterweise für sie lebensgefährlich gewesen! Glücklicherweise waren sie nicht als materiell Arme anzusehen – ihr Überleben in der Fremde war durch die Gaben der Weisen gesichert [191]; gerade in Ägypten galten Myrrhe, Weihrauch und Gold als kostbarste Handels-Güter...

Was Herodes betraf, so sah er sich selbst getäuscht in der „Fehl-Ein-Schätzung" seiner „Kollegen"? Als er *„sich von den Weisen hintergangen sah, geriet er in heftigen Zorn, sandte hin und ließ in ganz Bethlehem und seiner ganzen Umgebung alle Knaben im Alter von zwei Jahren und darunter töten, der Zeit entsprechend, nach der er die Weisen ausgeforscht hatte".* Um ganz „auf Nummer Sicher zu gehen"!

Doch auch darin täuschte er sich selbst! Diese „genealogische Ab-Folge" in der Auflistung möglicher Mordopfer wurde durch das Eingreifen Gottes mittels des Engels durch-kreuzt und vernich-tet...

d)   Jesus – „der Junge, der überlebt hat".

„Als aber Herodes gestorben war, siehe, da erschien dem Josef ein Engel des Herrn im Traum und sprach: ‚Steh auf, nimm das Kind und seine Mutter und ziehe in das Land Israel, denn die dem Kinde nach dem Leben strebten, sind gestorben.' Da stand er auf, nahm das Kind und seine Mutter und zog in das Land Israel." Er kehrt also nicht in das Gebiet von Juda zurück, wo man sie noch hätte erkennen können. Und nachdem er *„im Traum eine Weisung empfangen hatte, zog er in das Gebiet von Galiläa. Er kam in eine Stadt namens Nazareth und nahm dort Wohnung"*[192].

Auch Lukas erwähnt Nazareth als Zuhause der Drei.[193]

Bethlehem taucht ab in das Dunkel der Geschichte; die damaligen Ereignisse erscheinen nur als eine Episode, als eine Passage, über die der Mantel des Schweigens in Nazareth gebreitet wird – des Herodes und seiner Nachfolger wegen… Ab da wird nichts mehr Außergewöhnliches aus dem Leben dieser Familie berichtet. Jesus gilt fortan als „Nazoräer" wie jeder aus diesem verrufenen Nest. Im Verborgenen aber ist er unerkannt der, der er in Wahrheit ist: „Jesus von Bethlehem-Nazareth" (was für ein „Adels-Titel"!). Während in Bethlehem Josef noch unterschieden wird von dem Kind und dessen Mutter Maria, gelten in Nazareth beide als Eltern Jesu. Ob wirklich leibliche Geschwister hinzukamen, ist insofern offen, als im Judentum Verwandte auch als Geschwister verstanden werden – die Bibel zählt solche auf! Anders: der Text der Schrift kennt keine „dogmatische" Optik…

4   Jesus – „der Menschen-Sohn".

Hier geht es nicht darum, ein „Leben Jesu" aufzuzeigen, wohl
aber um Kernmomente seines Wirkens, die den Widerspruch
der „Frommen und Gelehrten" seiner Zeit verdeutlichen. Damals
wie heute gilt: *„Mit Jesus von Nazareth bekommen wir nicht das, was
wir wollen, sondern den, den wir brauchen."* [194]

a)   Jesu Vater-Sohn-Bewusst-Sein.

Lukas berichtet den Schock, den der damals Zwölfjährige den
Eltern bereitet hatte, als er ohne deren Wissen anlässlich der
Wallfahrt nach Jerusalem dort verblieb; sie waren *„der Festsitte
gemäß"* da hinauf gezogen, um an den Feierlichkeiten teilzuneh-
men. Als *„die Tage vorüber waren und sie wieder heimkehrten, blieb der
Knabe in Jerusalem, und seine Eltern wussten es nicht. In der Meinung,
er sei bei der Reisegesellschaft, gingen sie eine Tagreise weit und suchten
ihn unter den Verwandten und Bekannten; da sie ihn nicht fanden, kehrten sie nach Jerusalem zurück und suchten ihn. Und ... nach drei Tagen
fanden sie ihn im Tempel, wie er mitten unter den Lehrern saß, ihnen zu-
hörte und sie fragte. Es staunten aber alle, die ihn hörten, über seine
Einsicht und seine Antworten. Und da sie ihn erblickten, waren sie fas-
sungslos, und seine Mutter sagte zu ihm: ,Kind, warum hast du uns das
angetan? Siehe, dein Vater und ich suchen dich mit Schmerzen!' Er aber
sagte zu ihnen: ,Warum habt ihr mich gesucht? Wusstet ihr nicht, dass*

ich in dem sein muss, was meines Vaters ist?' Und sie verstanden das Wort nicht, das er zu ihnen sprach." [195]

Der Sitte gemäß wurden Knaben dieses Alters „zum Manne erklärt" und durften/mussten bei dieser Gelegenheit auch eine Probe ihres „Glaubens-Wissens" abgeben. Die Rückfrage Jesu an seine Eltern war deshalb für diese in einem doppelten Sinn mehr als überraschend: zum einen bezeugt sie, wie sehr der Knabe in der „Wissenschaft der Bibel" zuhause ist; zum andern offenbart er seine Kenntnis von seiner wirklichen Herkunft – also dass Josef nicht sein leiblicher Vater ist, sondern Gott Selbst.

Ganz offensichtlich hatten Josef und Maria ihm bis dahin noch nie etwas von früher erzählt, geschweige denn von den „Brautstands-Turbulenzen" [196] und von Bethlehem. Sie stehen vor ihm da als einem lebendigen Rätsel... Danach aber heißt es lapidar: *„Und er ging mit ihnen hinab und kam nach Nazareth und war ihnen untertan."* Er gehörte zu ihnen – und „gehorchte"...

Das Wissen Jesu um seine wahre Herkunft wird erst wieder in den Jahren seines öffentlichen Auftretens und Wirkens deutlich, obwohl – oder gerade weil – er sich schlicht nur als „der Menschensohn" [197] bezeichnet. Aber er lässt seine Zuhörer auch wissen: *„Ihr kennt weder mich noch meinen Vater. Wenn ihr mich kennen würdet, würdet ihr auch meinen Vater kennen."* [198] Denn: *„Alles ist mir von meinem Vater übergeben. Und niemand kennt den Sohn als der Vater, und den Vater kennt niemand als nur der Sohn und wem es der Sohn offenbaren will."* [199] In biblisch-theologischer Hinsicht heißt das: er i s t die verborgene Frucht von Adam und Eva, die sie zwar materiell berühren, aber geistig nicht sich zu eigen machen konnten, weil der Blitz-Einschlag der Schlange hier eine absolute Trennung bewirkte. *„Wahrlich, wahrlich, ich sage euch: ehe Abraham ward, bin ich."* [200] *„Ich und der Vater sind eins!"* [201] Dieses innige Selbst-Bewusst-Sein empört die Zuhörer, weil dies als eindeutige Aussage einer Gottes-Sohnschaft verstanden wird: *„Da schleppten die Juden... Steine herbei, um ihn zu steinigen. Jesus antwortete ihnen: ‚Viele gute Werke habe ich euch vom Vater gezeigt. Welches dieser Werke ist es, wofür ihr mich steinigen wollt?' Die Juden antworteten ihm: ‚Nicht wegen eines guten Werkes wollen wir dich steinigen, sondern wegen einer Lästerung: weil du, der du ein Mensch bist, dich zu Gott machst.' Jesus antwortete ihnen: ‚Steht nicht in eurem Gesetz geschrieben: ‚Ich habe gesagt: Götter seid ihr'? Wenn es die, an welche das Wort Gottes ergangen ist, Götter genannt hat und die Schrift doch nicht ihre Geltung verlieren kann, da sagt ihr zu dem, den der Vater geheiligt und in die Welt gesandt hat: ‚Du lästerst', weil ich gesagt habe: ‚Ich bin Gottes Sohn'? Wenn ich nicht die Werke meines Vaters tue, dann glaubt — wenn ihr mir nicht glauben wollt — den Werken, damit ihr erkennt und einseht, dass in mir der Vater ist und ich im Vater bin."* [202]

In dieser Selbst-Darstellung wirkt er bis heute „unverdaulich" für viele, und ist *„ein Zeichen, dem widersprochen wird"* [203] - auch heute noch!

b)   Das Lehrverhalten Jesu.

Der Unterweisungs-Stil Jesu ist völlig anders als jener der Gelehrten seiner Zeit, von denen er sich deutlich absetzt: *„Ihr habt* *gehört, dass den Alten gesagt wurde ... - Ich aber sage euch...*"[204] Aber er betont auch: *„Meint nicht, ich sei gekommen, das Gesetz oder die Propheten aufzulösen"* – d.h. sie abzuschaffen -. *„Ich bin nicht gekommen, aufzulösen, sondern zu erfüllen...*"[205] *„Denn wahrlich, ich sage euch: bis Himmel und Erde vergehen, wird nicht ein Jota oder Häkchen vom Gesetz vergehen, bis alles geschehen ist."* Und als er seine Unterweisungen *„beendet hatte, waren die Volksscharen ganz betroffen über seine Lehre. Denn er lehrte sie wie einer, der Macht hat, und nicht wie ihre Schriftgelehrten."* [206] Deshalb wunderten sie sich und fragten: *„Wie kennt dieser die Schriften, ohne Unterricht erhalten zu haben?"* [207] Am deutlichsten werden die Bewohner von Nazareth: *„Woher hat er diese Weisheit und Wunderkräfte? Ist das nicht des Zimmermanns Sohn? Heißt nicht seine Mutter Maria und seine Brüder Jakobus und Josef und Simon und Judas? Und sind nicht seine Schwestern alle bei uns? Woher hat er denn das alles?"* Anders: die Familie war bis dahin *„unauffällig"* geblieben. *„Und sie nahmen Anstoß an ihm."* Jesus dagegen stellt fest: *„Nirgends ist ein Prophet verachtet außer in seiner Vaterstadt und in seinem Haus!"* [208] Gewöhnung macht auch gewöhnlich?! *„Und er wirkte dort nicht viele Machttaten wegen ihres Unglaubens."* Glauben ist hier die Voraussetzung für den „Heil- bzw. Heilungs-Prozess"...

c)   Heilungen und Sündenvergebungen.

Dass Jesus das Thema Sünde mit Krankheit(en) in Verbindung bringt, war damals „selbstverständlich" – eine Sehweise, die auch im „Vaterunser" aufscheint. Die einleuchtende Begründung dafür: *„Niemand zündet ein Licht an und bedeckt es mit einem Gefäß oder stellt es unter ein Bett; sondern er stellt es auf einen Leuchter, damit die Eintretenden das Licht sehen."* Wer aus der Wahrheit lebt, wird selbst zum Licht, und überführt durch sein bloßes Sein, was um ihn herum „los" ist: *„Denn nichts ist verborgen, das nicht offenbar werden wird, und nichts geheim, das nicht bekannt werden wird und an das Licht des Tages kommen wird."* [209] Sein Vergleich: *„Das Licht deines Leibes ist das Auge. Wenn nun dein Auge gesund ist, wird dein ganzer Leib licht sein. Wenn aber dein Auge schlecht ist, wird dein ganzer Leib finster sein. Wenn also das Licht in dir Finsternis ist, wie groß wird die Finsternis sein!"* [210] Der Geist bestimmt die Materie…

Die geistige Grundeinstellung drückt sich im Leibhaftigen aus; umgekehrt kann eine falsche Leibes-Sicht und –Ernährung krank machen (in der heutigen psycho-somatischen Heilkunde wieder allgemeine „Selbstverständlichkeit": „Du bist, was du isst…" – die Ernährung des Geistes wie des Leibes ist „mit-bestimmend"). Es hängt alles von der inneren Einstellung ab. Das hohe Gut der „Gesundheit" ist folglich keine Selbstverständlichkeit, wie Jesus im „Vaterunser"-Gebet erkennen macht: *„…und erlöse uns vom Übel/Bösen"* [211]; er meint damit d a s Böse (Krankheit, Übel, Missstände, giftige Auseinandersetzungen usw.) und d e n Bösen (gefallene Engel, bösartige Mitmenschen usw.).

In diesem Zusammenhang wird „Sünde" als ein Heraus-Gefallen-Sein aus dem „Netzwerk" der Liebe des Schöpfers verstanden, das in Seiner Schöpfung aufleuchtet („Sünde" ist jede Form von Lieblosigkeit); das gilt vor allem bezüglich der geistigen Grundeinstellung im Miteinander (Kränkungen machen krank).

Allerdings gilt ein Vorbehalt: ganz so einfach ist die „Diagnostik" doch nicht (hinsichtlich der Gleichung „Sünde = Krankheit"), wie einige Beispiele aus der Bibel nahebringen:

- Am Teich Betzada erwartet ein Kranker ein bestimmtes Geschehen: *„Es stieg aber ein Engel des Herrn von Zeit zu Zeit in den Teich hinab und brachte das Wasser in Wallung. Wer nun zuerst hineinstieg nach der Wallung des Wassers, der wurde geheilt, von was für einer Krankheit er auch befallen war…"* Der besagte Mann litt bereits 38 Jahre lang! Als Jesus ihn erblickt, erkundigt er sich nach seinem Befinden und fragt ihn dann, ob er wieder gesund werden möchte. Der Kranke erwidert: *„… ich habe keinen Menschen, um mich, sobald das Wasser in Wallung gerät, in den Teich zu bringen. Während ich aber hinkomme, steigt schon ein anderer vor mir hinab."* Das Allein-Gelassen-Sein ist noch schlimmer als die Krankheit selbst? Da sagt Jesus nur: *„Steh auf, nimm dein Bett und geh umher!"* [212]
  Weil dies an einem Sabbat geschah, erregen sich die „Frommen"! Im Tempel treffen beide wieder aufeinander und Jesus sagt ihm dort: *„Siehe, du bist gesund geworden. Sündige nicht mehr, damit dir nicht Schlimmeres widerfährt!"* Hier wird die Erkrankung als Folge von Sünde verstanden. Aber: Jesus demütigt den Mann nicht und stellt ihn nicht öffentlich bloß im Tempel. Darin erfährt der Kranke sich als ein von Gott Erkannter (im hebräischen Wort-Sinn!) und wieder Angenommener: in der Heilung steckt auch Sündenvergebung…

- Anders verhält es sich bei der Heilung des Blindgeborenen. Man fragt Jesus: *„Rabbi, wer hat gesündigt, dieser oder seine Eltern, dass er blind geboren wurde?"* Seine Antwort: *„Weder dieser hat gesündigt noch seine Eltern. Vielmehr sollen die Werke Gottes an ihm offenbar werden."* [213]
  Sein Handeln verblüfft: Er spuckt auf den Boden, *„machte einen Teig aus dem Speichel, strich ihm den Teig auf die Augen und sagte zu ihm: ‚Geh, wasch dich im Teich Siloach', das heißt übersetzt: Gesandter. Er ging also hin und wusch sich und kam sehend zurück."*

Auch hier regen sich wiederum die „Frommen" mächtig als „Gesetzestreue" auf: *„Dieser Mensch ist nicht von Gott, weil er den Sabbat nicht hält."* Andere setzen dagegen: *„Wie kann ein sündiger Mensch solche Zeichen wirken?"* In ihrer Sicht ist ausnahmslos jeder ein Sünder! So entstand ein Zwiespalt unter ihnen.

Ein drittes Beispiel:

- In Karphanaum bringt man einen Gelähmten auf einer Bahre zu Jesus. Weil aber das Gedränge der Leute derart dicht war, dass ein Durchkommen schier unmöglich erschien, deckten die Helfer einfach das Dach ab und ließen den Gelähmten samt Trage hinab, vor seine Füße. *„Als Jesus ihren Glauben sah, sprach er zu dem Gelähmten: ,Kind, deine Sünden sind dir vergeben!' Es saßen aber einige von den Schriftgelehrten dort und dachten in ihrem Herzen: ,Was redet dieser so? Er lästert. Wer kann Sünden vergeben als Gott allein?"* [214] Jesus erkannte ihre Gedanken und fordert sie heraus: *„Was ist leichter, zu dem Gelähmten zu sagen: Deine Sünden sind dir vergeben, oder zu sagen: Steh auf, nimm deine Bahre und geh umher? Damit ihr aber wisst, dass der Menschensohn Macht hat, auf Erden Sünden zu vergeben — sprach er zu dem Gelähmten: Ich sage dir, steh auf, nimm deine Bahre und geh heim."* Der stand sogleich auf und *„ging sofort vor aller Augen hinaus, so dass alle außer sich waren, Gott priesen und sagten: ,Noch nie haben wir solches gesehen"* und gehört…

Da im Judentum Recht und Gerechtigkeit eine zentrale Rolle spielen, scheinen Barmherzigkeit und Liebe „regel-recht an die Wand gedrückt" zu sein? Man erwartet am Ende der Zeit deshalb eine Göttliche Recht-Sprechung im Gericht — Jesus erscheint hier als „zu früh dran"?! Eine gestörte Beziehung kann nie einseitig „repariert" werden. Daher ist die Vergebung von so verstandener Sünde immer ein Geschenk, ein „Gratis" — umsonst, kostenlos.

Genau das leuchtet im Handeln Jesu als „Begnadigung" auf!

d) „Wunder – des Glaubens liebste Kinder" ?

Zeichen und Wunder gelten auch gerne als Zeugnisse für das
Mit-Wirken von Mächten, Kräften und Gewalten (also von „Un-
sichtbarem"); im Guten erkennen wir darin die Boten von Gott
(Engel); doch auch die Widersacher Gottes als Mächte des Bösen
vermögen Wundersames zu vollbringen – wie das Buch „Hiob"
(„Ijob" = „Wo-ist-der-Vater?!") eindrucksvoll dokumentiert;
darin wird erzählt, wie ein Mensch als Einzelner in der Aus-
Einander-Setzung mit dem angeblich „guten" Gott und dem
Bösen („dank" Seiner Zulassungen!) sich selbst zu „verstehen" hat
[215] und „durchkommt". Die fromm-rednerischen Freunde und
die Ehefrau werden dabei als „optimale Werkzeuge" im ver-
sucherischen Sinn vorgestellt – sie „glänzen" durch Nichtwissen?
Ihre „Faustregel": wer gerecht ist, wird nicht gestraft – Krankheit
dagegen ist Ausdruck von Sünde und also Strafe…Im Suchen
nach dem V a t e r wird das Ursprungs-Verhältnis der Liebe
berührt und gleichzeitig angetastet: „Gott hat ja den Menschen zur
Unverweslichkeit erschaffen und ihn zum Abbild seines eigenen Wesens
gemacht. Durch den Neid des Teufels aber ist der Tod in die Welt
gekommen, und die ihm angehören, werden ihn erfahren." [216]

Wer von Gott nichts wissen will, ist im biblisch-theologischen
Sinn jetzt schon ein „Todesser", also tot! Die Versuchungen,
denen Hiob ausgesetzt ist, haben allesamt nur das eine Ziel: „Gott
ins Angesicht zu fluchen" und „Selbst-Mord" zu begehen…

Das eigentliche Wunder ist in dieser Erzählung das Durchhalten des Hiob, und sein Festhalten an Gott – obwohl er zeitweilig tobt und flucht und sich zur Wehr setzt gegen die Besserwisserei seiner „Freunde" und der Ehefrau. Dass sein wahrer Gegner niemand anders ist als der Böse, nämlich Satan (der vor Gott im Kreise der „Götter-Söhne" auftritt, als wäre nie etwas gewesen!), erkennt Hiob nicht. (Als Satan von Gott gefragt wird, woher er komme, antwortet der „maliziös-schnippisch": *„Ich streifte auf der Erde umher und erging mich auf ihr!"* – wie ein Spaziergänger. Ob er denn auch achtgehabt habe auf Gottes Knecht Hiob? *„Es gibt keinen auf Erden w i e ihn...."* - Dieser Vergleich löst Hass und Neid aus.) Hiob kommt durch und wird am Ende gerechtfertigt. Den „Freunden" wird nur dann keine Schmach zuteil, wenn Hiob für sie einsteht... (Gott antwortet im Gewitter-Sturm!)

Im Buch „Hiob" werden die „Negativ-Wunder" des bösartigen Neiders berichtet. Der Mensch Hiob dagegen macht mit seinem Lebenszeugnis darauf aufmerksam, dass Glauben Voraussetzung für Heilung ist! (Hier wird „Glauben" nicht verstanden als ein „Für-Wahrhalten-dass" im Sinne eines Lexikons; als eine innere Geistes-Haltung verbündet Glauben sich mit dem Hoffen, die beide im Lieben eint; durch „Er-Fahrungen" gelangt man zum Wissen und zur Weisheit. *„Wenn ihr Glauben hättet wie ein Senfkorn, dann könntet ihr zu diesem Berge da sprechen: Rücke von hier weg dorthin, und er würde wegrücken, und nichts würde euch unmöglich sein."* [217] Der Kontrast: *„Wenn ihr nicht Zeichen und Wunder seht, so glaubt ihr nicht."* [218] Es ist die Beziehung von Person zu Person und zur Umwelt, deren Basis vom Glaubens getragen ist, wobei die Hoffnung als Brückenschlag zum Eins-Sein der Liebe hin führt...

(Deshalb müssen auch Naturwissenschaftler „daran glauben", dass sie etwas finden und erkennen können.) Zu Recht bemerkt Augustinus, dass Wunder nie gegen die Natur sind; es ist unser mangelhaftes Verständnis von „Natur", das unser bescheidenes „Wissen" prägt. Wunder offenbaren Möglichkeiten der Natur?!

Harald Grochtmann, 1988 noch Richter am Amtsgericht Rheda-Wiedenbrück, hat sich dezidiert damit auseinandergesetzt - „zwischen Natur und Übernatur": Im Rahmen seiner Inaugural-Dissertation zur Erlangung eines „Doktors der Rechte" bemerkt im Geleitwort Klaus Adomeit: *„Harald Grochtmann spricht von Dingen, die unsere Schulweisheit uns bisher nicht träumen ließ. Wie stehen wir ... zum Wunder? Geht dies Juristen überhaupt etwas an? Zum mindesten müssen wir den Wunder-Glauben als immer wieder auftretendes psychologisches Faktum anerkennen. ‚Juristen...' leben in einer Welt nüchterner Tatsachen, wo es keine Wirkung ohne Ursache gibt und wo jeder Kausalverlauf naturwissenschaftlich gesicherten Regeln folgt -: dies ist die Grundannahme, auf der jedes juristische Verfahren beruht. Um so größer ist die Bestürzung, wenn ein Prozeßbeteiligter sich außerhalb dieser Annahme stellt. Sigmund Freud hatte vom R e a l i - t ä t s p r i n z i p gesprochen, das jeder Erwachsene lernen muß, in schmerzvoller Trennung von der märchenhaften Welt des Kindes, in der ‚Wünschen noch geholfen hatte'. Wer sich auf Wunder beruft, wirft alle Spielregeln um. Was soll man mit ihm anfangen? Ohne Zweifel liegt hier ein echtes erkenntnistheoretisches Problem vor... Es geht um nichts Geringeres als um die erkenntnistheoretischen Grundlagen des gerichtlichen Prozesses, der in seinem wichtigsten Abschnitt — bezeichnenderweise — Erkenntnisverfahren heißt."* [219]

5   Passagen: Kreuz und Auferstehung.

Kam in Bethlehem „der Junge, der überlebt hat", noch davon, so ist es – vordergründig gesehen – dem jungen Mann aus Nazareth nicht „gelungen", seinen Todfeinden zu entrinnen. Durch einen unfairen Prozess wird er „aus dem Weg geräumt"...

Die Tradition gibt ein Alter von etwa 30-33 Jahre für Jesus an, und es ist nicht ganz gesichert, wieviel Zeit er für sein Auftreten und Wirken in der Öffentlichkeit zur Verfügung hatte, bevor ihn „sein Schicksal ereilte". Ein solcher „Durch-Gang" mutet an wie eine persönliche Katastrophe – „er ist gescheitert", heißt es. Doch eben dies vermag nicht im Geringsten die Entstehung des Christentums als Welt-Religion nach den Maßstäben dieser Welt zu erklären: wie kann aus so einer „Wurzel" eine solche „Fülle" erwachsen?!?

a)   Zurück zum Ur-Sprung, um zum Ziel zu kommen.

Es steht zweifelsfrei fest, dass Jesus über das ihm zugedachte Ende Bescheid wusste, und dass er seine Anhänger („follower") im Vorhinein darauf hingewiesen hatte. So tut man nur, wenn ein absolutes „Müssen" vorliegt, dessen „Hinter-Sinn" die Anhänger (noch) nicht erkennen können; zugleich sollte wohl eine mögliche Schock-Situation (als Folge des gewaltsamen Endes) gemindert werden? Darauf deutet die Rede des Auferstandenen hin, als er den beiden Jüngern auf deren Weg nach Emmaus sehr deutlich erklärt: „*... Musste nicht der Messias dieses leiden und so in seine Herrlichkeit eingehen?*" [220]

Dass Joanne Rowling dieses sonderbare „Müssen" bei ihrem Titel-Helden Harry Potter ebenfalls eingebracht hat, untermalt von der Prophezeiung (als „Waffe"!), ist äußerst bemerkenswert in diesem Zusammenhang: „*Keiner kann leben, wenn der andere über-lebt...*" Beider Existenz – die von Harry und Voldemort - wird beeinträchtigt durch den missglückten Mordversuch: der eine wird geschädigt dadurch, dass ihm ein Teil des anderen „einge-stiftet" wird (so wird Harry unbemerkt zu einem „Horkrux"), während der andere seine bisherigen Kräfte verliert und „ent-leibt" herumgeistern muss: der Todes-Fluch als Blitz-Einschlag hatte unvorhergesehene „multiple Auswirkungen"? Genau das passierte Adam und Eva: als beide „zur Abregnung" kommen, kann Eva nicht mehr i n Adam hinein als ihrem vorherigen Zuhause; stattdessen steht sie n e b e n ihm – „*und beide erkannten, dass sie nackt waren, und sie schämten sich voreinander*" [221]. Die Schlange hatte ihren Angriff wohl „erfolgreich und folgenreich" ausgeführt; wurde sie von diesem Ergebnis selbst überrascht [222]?! (Das „Horkrux"-Thema hat hier seinen biblischen Ur-Sprung! [223])

Dass im Zeichen der Fruchtbarkeit das Kind – der „Sohn Gottes"! – nicht „erwischt" werden konnte, wird verdeckt beantwortet. Ohne Sündenfall hätte die Geburt des Göttlichen Kindes die beiden in ein völlig neues Selbst-Bewusstsein versetzt (von einer solchen „Ver-Setzung" handelt „zwischen Alpha + Omega" das 12. Kapitel der Geheimen Offenbarung [224] – hier liefert „Josef der Träumer" in Ägypten eine wichtige Deutungs-Brücke [225]).

Anstatt aufzusteigen in das Licht der Ver-Klärung, stürzten beide nach unten, in die Verfinsterungen des Drachens im Zeichen der Schlange [226] (Rowlings Basilisk „verwandelt"…).

Die Tendenz nach unten lässt „kristallisieren", macht versteinern („der Kristall statt der Zelle" – das Prinzip des „Anorganischen" im Gegenüber zum „Organischen", des „Inhumanen" statt des „Humanen") und lässt erfrieren? Es ist der Blickwinkel, der entscheidet, welche Sicht „zum Zuge kommt". Das Glücks-Spiel versinnbildet die Hoffnung wider alle Hoffnungslosigkeit - der Würfel als Stein („Meteorit", „Komet") und die Kugel als Symbol für die Zelle („Stern") laden ein zu „Ge-Fällig-keiten"…

Im Roulette-Spiel tauchen beide symbolisch auf – aber nur einer kann gewinnen?! Was für eine Täuschung bzw. Ent-Täuschung! In Rowlings Roman-Welt taucht Voldemort auf wie ein Glücks-Spieler, von äußerst berechnender Art! Er demonstriert seiner Umgebung, dass statt „Evolution" als Richtung eines „Empors im Voran" nur „Revolution" zählt - er bestimmt, was die Regeln sind, und ist sich darin ein „Selfie-Gott". „Schöpfung" als vorgegebene Wirklichkeit ist dazu da, „selbst-mächtig" verändert zu werden (einen Fluss kann man ja auch umbetten). Das gilt auch für wert-besetzte Begriffe! Ego-Zentrik ist hier das „A + O"!

Aus biblisch-theologischer Sicht kann der Versuch, Begriffe wie „Gott", „Schöpfung", „Natur" namentlich ersetzen zu wollen mit dem Erklärungsprinzip „Die Evolution", durchaus hingenommen werden, denn auch dies ist ein „Gottes-Name" – wenn auch komplett säkularisiert [227]. (Ent-Äußerung als „kenosis", verkleidet als „Säkularisation"?)

b)   Der „Kreuz-Titel" des Pilatus.

Obwohl Pilatus als römischer Statthalter keine todeswürdige Schuld an Jesus finden konnte (religiös motivierte Streitereien waren „nicht sein Bier"), verurteilte er ihn wie einen Hoch-Kriminellen zum Tode am Kreuz [228]. Und um abzulenken, wurden gleich zwei weitere, tatsächliche Schwerverbrecher links und rechts neben ihm „platziert" [229]. Der Aufruhr, den die Ankläger Jesu zuvor entfacht hatten, gipfelte in der Drohung: *„Wenn du den da freilässt, bist du kein Freund des Kaisers. Jeder, der sich selbst zum König macht, lehnt sich gegen den Kaiser auf."* [230]

Pilatus wusste, dass dem römischen Kaiser eigentlich keine Könige genehm waren und begriff das erpresserische Geschrei; er rächt sich auf seine Art zynisch, denn er *„hatte ... auch eine Aufschrift schreiben und an dem Kreuz anbringen lassen. Da war geschrieben: ,Jesus, der Nazoräer, der König der Juden"* [231]

Diese „Urkunde" war auf lateinisch und griechisch und hebräisch verfasst, so dass alle Welt, die lesen und schreiben konnte, sofort begriff, was für eine Verhöhnung des jüdischen Volkes – im Lichte der Umkehrung! – hier „erstrahlte": „König der Juden"! Pilatus verstand die Ankläger – wörtlich!!!

Die Ankläger ihrerseits verlangten umgehend dessen Änderung; sie fürchteten wohl die Mund-Propaganda im Volk, da die Gebildeten den Ungebildeten mitteilen konnten, was da geschrieben stand. Doch Pilatus blieb stur: *„Was ich geschrieben habe, habe ich geschrieben!"* Er identifiziert sich in seinem Richter-Spruch voll und ganz mit diesem Titel – aus Rache...

Der jüdische Schriftsteller Schalom Ben Chorin vermerkt hierzu: *„Das ist das berühmte I.N.R.I., Jesus Nazarenus Rex Judaeorum… Die lateinische Abkürzung ist in der I.N.R.I.-Formel geläufig, aber wenn wir die hebräische Aufschrift rekonstruieren, könnte sich daraus eine bewusste Anspielung auf das Tetragramm, den vierbuchstabigen Gottesnamen JHWH, ergeben: Jeschu Hanozsri W(u) melech Hajehudim."* [232]

c)   „Königs-Kreuz" als „Kopf-Bahnhof"?

Die „Hora Crucis" ist die „Stunde des Kreuzes". Der Tod Jesu passiert unter dem Pilatus-Titel im Aufschrei: „Mein Gott, mein Gott, warum hast Du mich verlassen?" Schweigend ant-wortet der Gerichts-Titel über dem Kopf Jesu: „INRI = JHWH = „ICH-BIN-DER-ICH-BIN-DA"… [In Rowlings Sprache geht es um die zentrale Auf-Lösung des „Ur-Horkrux", der im Sünden-Fall „konstruiert" worden war!] Daher endet Jesus mit den Wor-ten: *„Vater, in deine Hände empfehle ich meinen Geist!"* [233]

Der Schweige-Raum des Vaters ist die Voraus-Setzung für die „Freiheit der Ent-Scheidung" des Sohnes, aus ganzer Liebe das eine Not-Wendige zu tun, nämlich sich töten zu lassen; um danach in einer völlig neuen „Freiheit der Entschiedenheit" als Befreiter d a zu sein für die, die mit ihm zu tun haben wollen.

Risiko und Chance in eins begleiten jede echte Freiheit? (Das be-deutet auch Dumbledore seinem treuen Schüler Harry, der sich entschließt, für seine Leute wieder aufzustehen und da zu sein!)

Die Soldaten sind verblüfft über die „Rasanz" des Sterbens Jesu: er verstirbt „binnen einer Stunde"! Sie zerbrachen ihm nicht, wie sonst üblich, die Gebeine, sondern stießen ihm mit einer Lanze mitten ins Herz, *„und sogleich flossen Blut und Wasser heraus"*. Nach diesem Tod sorgen seine Getreuen dafür, dass der Leichnam vom Kreuz abgenommen und bestattet werden kann...

In der wundersamen Erzählung von der Hochzeit zu Kana in Galiläa [234], wo Jesu Mutter Maria als Bedienung bei Tisch tätig ist, wird bemerkt, dass den Festgästen der Wein auszugehen droht. Sie meldet dies nicht dem Bräutigam, sondern ihrem Sohn Jesus und fordert ihn heraus, er möge doch „für Nachschub sorgen"?! Dieses Ansinnen setzt voraus, dass Maria sehr wohl die Begabung ihres Sohnes kannte, den sie ja in einem ganz persönlichen, hochzeitlichen Sinn als „Gabe für die Menschheit" empfangen hatte. Sie scheint hier der Ansicht zu sein, dieses Fest sei doch wohl der allerbeste Zeitpunkt, sich der Welt — wenn auch insgeheim — zu offenbaren? Die barsche Entgegnung des Sohnes zur Mutter hin verblüfft: *„Was ist zwischen dir und mir, Frau?"* bzw. *„Was willst du von mir, Frau?"*

Eine offenbar falsche Sicht der Sendung des Sohnes durch die Mutter führt zum Unmut auf Seiten Jesu: *„Meine Stunde ist noch nicht gekommen!"* Sie erkennt den verborgenen Sinn hier nicht, muss aber später unter dem Kreuz stehend denselben einholen...

Was er darunter versteht, erklärt er im Gleichnis vom wahren Weinstock [235] und am Ölberg: *„Vater, die Stunde ist gekommen. Verherrliche deinen Sohn, damit der Sohn dich verherrliche..."* [236]

Da Jesus sein Körper-Kleid der Mutter verdankt, ist mit der „Stunde" eine geheime Offenbarung gemeint: Der Geist macht lebendig – die Materie ist ohne ihn nichts! In der Todes-Stunde wird der „Ur-Horkrux" gelöst und „entmaterialisiert"; der Anteil der Schlange als „Mit-Gift" wird neutralisiert. Im „verenergetisierten" Auferstehungs-Leib wurzelt die „Verherrlichung" ein als „Herr-Sein-im-Licht", die erst mit seiner Wiederkunft erstrahlt. „Der Tod" jedoch ist „Ab-Fall", „Rest-Müll"!

Es ist die Vater-Sohn-Beziehung, die hier das Verständnis erschließen hilft („Ich und der Vater sind eins" – „Wer mich sieht, sieht den Vater").

Wo Michelangelo diese „nackte Gleichung" bildhaft darstellt, wird bei Moses vom Fußboden – also von unten her – das „Steh-Vermögen" in Gott eingefordert. Der am Kreuz ist der total verunstaltete, verhöhnte Mensch, der keinen „anlockt"?! Er ist für alle, die Ihm zugehören wollen, der „lebendige Fußboden", worauf man auf-stehen, auf-er-stehen kann. In der Lanze, die sein Herz durchbohrt, kann man das Abbild des Stabes erkennen, der die Schlange bindet: Der Verfolger, der früher versucht hatte, das Gottes-Sohn-Be-Wusst-Sein zu „testen" („...*wenn du Gottes Sohn bist, dann...*" [237]), kommt hier nicht mehr mit – er bleibt „hängen", bleibt „außen vor". Die vermeintliche „Niederlage" entpuppt sich als not-wendige Nieder-Lage: Jesus legt seinen Geist – und damit seine Sendung – vollkommen in die Hände des Vaters, um hernach alles an sich zu ziehen... (Zwischen „Diesseits" und „Jenseits" erlebt so auch Harry seine ganz persönliche „Kings-Cross-Stunde" [238] – seine vermeintliche Niederlage bereitet den Sieg vor!)

Wenn heute in manchem Gerichtssaal das Kreuz abgehängt wird mit der Begründung, der Staat müsse – gerade aus „religiöser Sicht"! - wertneutral sein, so bleibt dieses Thema dennoch mittendrin erhalten gerade wegen des „Erkenntnis-Prozesses". Denn mathematisch-geometrisch gilt weiterhin das Koordinaten-Kreuz (die Abfolge der Zahlenwerte auf dessen positiven wie negativen Achsen mag beliebig sein; entscheidend ist ihre „Abhängigkeit" vom Achsen-Schnitt-Punkt, der mit der Null [„0"] im Mittel-Punkt fixiert ist)... Auch eine „Kenosis"?

Philosophisch gesehen ist diese „Null" nicht identisch mit dem Begriff „Nichts" („Nicht-Sein") als Gegenüber zum „Sein". Im Kugel-Modell wandelt sich die „Null" um in ein „Loch" quasi als „Transformations-Tor". So vermerkt Wernher von Braun korrekt, es sei eine wesentliche Erkenntnis der modernen Naturwissenschaft , dass nichts spurlos verschwinden könne – „alles, was sie kennt, ist Verwandlung"! „Leben" ist Bewegung – „Tod" ist Stillstand. Der Kreuzes-Schnittpunkt als Zentrum ist beides: Ruhe + Bewegung in eins... (biblisch-theologisch ist der „Ort" des Kreuzes-Todes Jesu seine Herz-Mitte: die vier Wunden an Händen und Füssen erhält er als Lebender; die fünfte durch den Lanzenstich bezeugt sein Tot-Sein. Sofern man das Tetragramm beizieht, ergibt sich eine „transformierte" Lesung des Kreuz-Titels als An-Frage und Ant-Wort in eins: „Der Augen-Blick in der Zeit ist jener Schnitt-Punkt der Gegen-Wart, wo uns Gottes Ewigkeit berührt und verwandelt", indem sie „Diesseits" und „Jenseits" vermählt [239]: INRI = JHWH! Das meint die „hochzeitliche Stunde" Jesu: Heimkehr in die/der Herz-Mitte (der personal „ge-ERDE-te HIMMEL" im Menschen)...

Die „Null-Funktion" im Schnittpunkt des Kreuzes beschreibt das Ver-Sterben als „Passage" (Sirius belehrt Harry: *„Sterben?... ist „schneller und leichter als Einschlafen..."* [240]) durch den „Ort einer Transformation". „Tod" und „Leben" sind darin Eins und verweisen auf niemand anderen als Gott Selbst, den Vater - „in Einem Augen-Blick" [241]!

„Der ‚Tod' vor der Null" ist die Maskerade der Schlange („Vol-de-Mort" – „Dieb-des-Todes"), der das Tor als Durch-Gang und Brücke verstellt. Jesus bezeichnet sich selbst als „die Tür" für seine Anhänger („follower"). „Tot" sind für ihn nur jene, die von Gott nichts wissen wollen („Lass die Toten ihre Toten begraben – du aber komm und folge mir") – egal, ob sie im Diesseits oder Jenseits da sind. Mit seiner Auferstehung erweist er sich als absoluter Herr über Leben und Tod.

Er bezeugt leibhaftig jenseits des Kreuzes die Licht-Geist-Kraft des „Welt-Stoffes" [242] und eröffnet personal als „Kopf-Bahnhof" völlig neue Ein- und Aus-Sichten der Heils-Geschichte; er hat den Lebens-Zug end-gültig „durchgestartet". In der „Grün-Kraft" des Lebens ersteht der neue Frühling, „eine neue Generation"... Doch drängt er sich niemandem auf, der nichts mit ihm zu tun haben möchte! Das ist die Freiheit der Liebe, die nicht „vergewaltigt"...

Genau das haben die zuvor geschockten Emmaus-Jünger erlebt in der Begegnung mit Ihm; und sie sind außer sich vor Freude – nachdem sie ihn beim Brotbrechen des Mahles erkennen durften und einander erinnerten: *„Brannte nicht unser Herz in uns, als er auf dem Wege mit uns redete und uns die Schriften aufschloss?"* [243]

d)   Abend-Mahl und Früh-Mahl als Brücke -
Eucharistie als „Geheime Offenbarung".

Man kann sagen: nichts ist so gewöhnlich, und nichts ist zugleich
so außergewöhnlich wie der Mensch! In Brot und Wein wird dies
symbolisch fassbar.

„Eucharistie" ist die Danksagung einer Mahl-Gemeinschaft in der
Verbundenheit Jesu Christi, die er vor seinem Tod so begründet:
*„Und er nahm Brot, sagte Dank, brach es und gab es ihnen mit den
Worten: ‚Das ist mein Leib, der für euch hingegeben wird; tut dies zu
meinem Gedächtnis.' Und ebenso nahm er nach dem Mahle auch den
Kelch mit den Worten: ‚Dieser Kelch ist der neue Bund in meinem Blute,
das für euch vergossen wird. "* [244] Der Dreiklang Brot – Kelch – Wein
wird transformiert in Leib – Gedächtnis – Blut und meint den
ganzen Menschen als Geschöpf im Bezug zum Schöpfer, Dem
man sein Dasein verdankt! Das Brot ist Ausdruck der alltäglich-
notwendigen Nahrung; es besitzt eine feste (weil gebackene)
Gestalt: Zeichen des Gewöhnlichen, in dem wir Tag für Tag
leibhaftig „Wohnung finden". Der Wein dagegen braucht ein
Gefäß, um aufbewahrt bzw. getrunken zu werden: Zeichen des
Außergewöhnlichen, des Festlichen.

Beide Zeichen holen die Adam-Eva-Geschichte als Gedächtnis-
Wieder-Herstellung durch Jesus ein, der durch seine Sterben
und sein Auferstehen   sämtliche „horkruxialen Trübungen"
(etikettiert als „geistes-krank", geistes-schwach", „geistes-
gestört", „geistes-verwirrt") auflöst und die Vergiftungen
(„Demenz der Dementoren") beseitigt, die sich als „schwarze
Melancholie" in Depression verhaken…

Mit der Eucharistie wird das gesamte menschliche Leben im Woher und Wohin eingeholt; in dieser Verbundenheit wird förmlich ein „Netz-Werk" hergestellt für Zeit und Ewigkeit, worin sich — wie Pierre Teilhard de Chardin es ausdrückt — der „Universale Christus" auferbaut. Deshalb stellt die Verbindung von Abend- und Früh-Mahl die heilsgeschichtliche „Brücke" dar; der Beginn ist mit der Mahl-Gemeinschaft gegeben v o r seinem Tod (der „Abend" gilt hier auch als Übergang zur Nacht hin, „in der niemand mehr wirken kann").

Aber „die Mitte der Nacht ist der Anfang des Tages"!

War unter „Nacht" auch der Kreuzestod Jesu und die damit einhergehende Verwirrung der Jünger zu verstehen, so gilt seine Auferstehung als Morgen, der den Tag ankündigt mit dem Früh-Mahl n a c h derselben: Er reicht ihnen Brot und Fisch, nachdem er zuvor den Fang am See „organisiert" hat: „ *Als sie nun ans Land gestiegen waren, sahen sie ein Kohlenfeuer am Boden und Fisch darauf und Brot. Jesus sagte zu ihnen: ,Bringt von den Fischen, die ihr eben gefangen habt.' Da stieg Petrus hinauf und zog das Netz ans Land, das voll war von großen Fischen, einhundertdreiundfünfzig. Und obwohl es so viele waren, riss das Netz nicht. Jesus sagt zu ihnen: ,Kommt, nehmt das Frühmahl ein.'...*" [245]   Das feste Ufer bedeutet das Angekommen-Sein; und es bezeugt den Fischern: nur „fest Gewordene" können eigentlich auch Feste feiern! In diesem Herrn machen sie sich selber fest — verankert in der erneuerten Zuwendung des Auferstandenen. Diese neue Mahl-Gemeinschaft prägt fortan ihr Bewusst-Sein, und orientiert ihr Engagement nach rückwärts wie vorwärts im Dienst des Herrn.

Später wurde das Symbol des Fisches als ein Erkennungszeichen der jungen christlichen Gemeinde verwendet; das griechische Wort „Ichthys" („Fisch") konnte wie ein „Mini-Credo" genutzt werden (in lat. Buchstaben: „Iesous CHrestos THeou Yios Soter" – „Jesus Christus Gottes Sohn Retter"); wer es übersetzen, also erklären konnte, gehörte eindeutig zu der Gemeinschaft der „Heraus-Gerufenen" („Kirche") [246].

Der Fischfang selbst gilt als prophetisches Ereignis für die Kirche der Endzeit und ist d i e „Geheime Offenbarung" aus der Sicht der Evangelien. Sie hat mit der Apokalypse insoweit zu tun, als die Zahlen 153 und 144 miteinander „korrespondieren" dank ihrer gemeinsamen Quersumme, der 9. Die 153 großen Fische bezeichnen bestimmte Sendungsträger des Alten und des Neuen Bundes [247]. In der Apokalypse ist eine Ähnlichkeit mit den 144.000 Auserwählten („Gesiegelten") hergestellt.

Adrienne von Speyr [248] sieht in der Zahl 9 die innere Mitte der Zahlenträger-Summen, weil sie als 3x3 den „Mantel der Geheimnisse" (Geheime Offenbarung) in der Schöpfungs-Wirklichkeit versinnbildet. Um zur Fülle der 10 zu gelangen, fehlt die 1: diese Ergänzung erfüllt der eine Fisch, den der Auferstandene bereits auf das Kohlenfeuer gelegt hat. Das weist auf Ihn selbst hin, in ihm haben „Gesetz und Propheten" ihren „Angel-Punkt".

In einer Welt, in der die „Zahlensprache" der Mathematik das neue „Latein" des Globus ist, erschaut Adrienne von Speyr mit dem Fischfang-Bericht die prophetische Brücke für die Zukunft der kirchlichen Gemeinschaft.

e)   Vom „Makel" des Christ-Seins.

J. K. Rowlings Anliegen, die erlösende Macht der Liebe krimina-
listisch auszuloten, geschieht durch die Person Dumbledore:
der sucht Harry rechtzeitig wach zu rütteln mit der Bemerkung,
dass man sich „schon bald werde entscheiden müssen zwischen
dem bequemen und dem richtigen Weg". Die einschläfernde
Taktik der Verharmlosung von Irreführungen [249] wird beiseite
gefegt mittels Beschreibung von Methoden gleich der NS-Zeit,
wie sie Voldemort in den Romanen mit seinem Anhang besorgt.

Die verständliche „Sprachlosigkeit" der Bremer Autorin Karin
Nitzschmann [250] darüber erklärt die Besorgnis, dass für Heran-
wachsende diese „Aufklärungen" zuerst einmal schockierend
sind? Den „richtigen Weg" gehen sollen/müssen macht einsam —
wie Harry, Ron und Hermine gegen Ende hin erfahren. Als „DA-
Truppe" werden sie mit dem hässlichen Makel von Außenseitern
konfrontiert — da nutzt es auch nichts, „auserwählt" zu sein!

Immer wieder geht es um „Führungs-Gestalten", die „das Sagen
haben" (wollen). Wo Pharaonen, Kaiser und Könige den Ton
angeben, scheint „außer-parlamentarisch" alles schnell und optimal geregelt werden zu können? Der „große Rest" braucht nur
noch zu folgen?!

Wenn jedoch Recht nur aus Willkür abgeleitet wird, spielen
Ethik und Moral (fast) keine Rolle mehr — deren Bedenken bzw.
Motivationen gelten im Ernstfall als „unerheblich" und Gesetze
werden „technisch funktionalisiert" und angewandt...

(Die Situation im Römischen Reich war in etwa so „gestrickt".
Der Kaiser konnte Gesetze erlassen, „göttergleich". Dem stellt
sich Jesus selbst als Jude nicht entgegen! Kurz und prägnant löst

er das Dilemma so auf: „*Gebt dem Kaiser, was dem Kaiser gehört – und gebt Gott, was Gott gehört.*" [251] Der Kaiser bringt das Münzgeld in Umlauf, worauf sein Bild geprägt ist – also gehört es ihm; der Mensch gehört Gott, weil er nach Seinem Bild erschaffen wurde. Er stürzt die weltlichen Ordnungen nicht um – aber im Tempel räumt er gründlich auf)!

In der Fischfang-Szene stellt sich Jesus für die Seinen als d i e Orientierungshilfe vor; nachdem er deren Niedergeschlagenheit über den nächtlichen Misserfolg ihrer Bemühungen aufgelöst hat, erkennen sie, dass man nicht auf Sachen, sondern auf ein D u zu setzen hat, um zum Ziel zu kommen.

Diese Einsicht prägt auch die Nachfolgenden, weil sie Lebensmut und Lebensfreude weckt bzw. erhält. Für sie ist der Messias als „Christus" (der „Gesalbte") tatsächlicher Erlöser aus allen Gefahren des Lebens, gerade weil er der Leiderfahrung nicht auswich. Allerdings: wer ihm folgt, muss selbst mit Verfolgungen rechnen und gilt als Außenseiter! Da dieser „Führer" als „Verbrecher" starb, haftete jedem, der ihm folgte, der Makel des Illegalen, Dubiosen an. Joseph Ratzinger bemerkt dazu:

Tatsächlich erhielten „*die Jünger Jesu Christi zum ersten Mal in Antiochien – es muss um das Jahr 44 gewesen ein – den Namen ‚Christen'... Aus bestimmten Eigentümlichkeiten können wir mit ziemlicher Sicherheit erschließen, dass dieser Name den Gläubigen von der römischen Behörde gegeben wurde; er ist eine lateinische Wortbildung und gehört dem Sprachtyp des römischen Rechts zu. Die Jünger Jesu wurden damit als die Clique des Christus, als die Partei des Christus bezeichnet; selbstverständlich wusste man in der römischen Verwaltung, dass dieser Christus als Verbrecher hingerichtet worden war. So gelten die Christen als die Clique eines Verbrechers und, weil sie sich seinem Entscheid anschließen, selbst als todeswürdig, sozusagen als Mitglieder einer verbrecherischen Organisation. Der Name Christ wurde damit zu einem Titel des Strafrechts: Wer diesen Namen trug, dem brauchte weiter keine Schuld mehr nachgewiesen zu werden; der war damit als todeswürdig überführt. Umso merkwürdiger ist es, dass die Christen selbst diese Bezeichnung übernahmen, die sie doch dem Tod auslieferte."* [252]

Harrys „DA-Truppe" steht in einer ähnlichen Situation. (Wer sagt, „der Weg ist das Ziel", muss unterscheiden könne?) „Man lebt nur einmal, sagen die Narren. Man lebt nur einmal, sagen die Weisen". Rein äußerlich unterscheiden beide Gruppen sich nicht voneinander; innerlich ergeben sich jedoch völlig andere Ein- und Aus-Sichten für das Handeln. Für die erste Gruppe gilt, dass man sich nie „verirren" kann, wenn der Weg selbst „das Ziel" ist? Für die zweite Gruppe ist der Bezug zu einem Du als Ziel unabdingbar! Die ersten „Christen" sahen sich getragen, im Vertrauen auf Gottes Beistand Ihm die Treue zu halten „durch dick und dünn", und erfuhren dies als Vertraut-Sein an Geist, Seele und Leib. Ohne Liebe funktioniert das aber nicht!

Für diesen ganzheitlichen Einsatz gilt unabdingbar: *„Eros und Religion sind aufeinander angewiesen. Wer beide trennt und Feindschaft zwischen sie sät, schafft einen Zwiespalt zwischen Menschenliebe und Gottesliebe. Wo Eros und Religion sich ausschließen, wird er gemein und sie kalt. Eros sinkt herab zu tierischer Brunst, und Religion erstarrt. Denn Eros ist es, der den Seelengrund lockert und das Gemüt weich und knetbar macht. Er pflegt die enthusiastischen Kräfte, ohne die religiöses Leben* *ermattet. Wo dagegen Eros und Religion sich verbinden, wird Eros geadelt, vergeistigt, verklärt und schenkt zum Dank der Religion Vitalität.*" [253] Eine so verstandene Erotik schließt Sexualität mit ein, geadelt durch die sakramentale Rückbindung an Christus.

6   Erfüllte Sexualität – die Verklärung Jesu.

Michelangelo [254] hat die Einheit von Eros und Religion kraftvoll zur Anschauung gebracht. Die „Erotik" seiner Plastiken und Malereien darf als Versuchung wie Versuch gewürdigt werden, den Sinn (Geist) des ganzheitlich verstandenen Mensch-Seins in Sinnlichkeit (Psyche/Seele) zu erspüren, um sie als Sinnhaftigkeit (Leib/Materie) e n e r g i s c h „aus-zu-drücken". Obwohl Meister, empfand er sich doch als Sklave!

Jesus vergleicht den Leib mit einem Kleid – und klärt damit eindeutig „die Prioritäten": Der Mensch lebt nicht vom Brot allein, sondern mehr noch vom Wort Gottes, das von innen ernährt. Das Bindeglied lässt sich zusammenfassen in dem einen Satz: „Die Seele der Schönheit ist die Schönheit der Seele" – das macht auch den Unterschied zwischen Freude und „Frohigkeit" aus. Wenn mit diesem Leben eben nicht alles aus ist, ergibt sich eine andere geistige Einstellung zur Leiblichkeit (was Erziehung und Kultur „verinnerlichen"; Joanne K. Rowling berührt diese Spannungen sehr wohl, beschreibt sie aber sehr sparsam). Die Romane wid-

men sich im Umgang mit „Leiberfragen" bevorzugt dem
sportlichen Engagement, das konsequent pädagogisch genutzt ist
als „Abarbeitung überschüssiger Energien" bei gleichzeitiger
Förderung wachsender Team-Verbundenheit. Kuss-Szenen und
Liebestrank-Zauber überdecken nicht, was ihr wichtig ist:
Freundschaft, Zusammenhalt, Treue, Entdeckerfreude im Ler-
nen, Hilfsbereitschaft, gemeinschaftliche Unternehmungen,
Gedankenaustausch usw... Die nüchtern-„delikate" Ausein-
andersetzung mit dem Thema „Lust und Liebe" (bzw. deren
Verwechslung, auf die Umberto Eco so sinnig „im Namen der
Rose" aufmerksam macht) wird bei Rons Liebeleien, aber auch
beim Weihnachtsball wohl berührt. In Sachen Liebe ist der
Primat des Geistes über den Leib attraktiv-gelungen vorgestellt
(das macht wohl auch den Erfolg ihrer Bücher weltweit aus)...

K Nitzschmann bezeichnet ihr Buch als „Analyse des siebenbändigen Entwicklungsromans" [255], welche sie *jedoch im Lauf der
fortgeschrittenen Lektürearbeit vor ungeahnte Schwierigkeiten stellte.
Statt Entwicklung – wenn auch in Ansätzen analysierbar – entdeckte ich
vor allem Wiederholung und derart komplizierte Vernetzungen von
Handlungen und Schauplätzen, wodurch es nahezu unmöglich wurde,
sowohl inhaltlich wie entwicklungs-psychologisch einen roten Faden zu
erfassen...*[256] (Tatsächlich werden Entwicklungen nur im fort-
schreitenden Älterwerden via Schulklassen erkennbar; der ganze
große „Rest" ist „Krimi" - als Genre!?!)

Radcliffes Versuch, die geistige Integration der Leiblichkeit über
die Brücke des Eros sexuell aufarbeiten zu wollen, ist vor allem
für junge Menschen ein verständliches, lockendes Faszinosum -

„Sexualkunde statt Religion" [257] -, bedeutet aber praktisch eine Art Umkehrung: Triebhaftigkeit wird nicht beherrscht im Getrieben-Sein (Lust-Er-Fahrungen!), sondern durch Sublimation und Transformation.

Die Bibel geht diese Thematik ziemlich nüchtern an – das als „Entsprechung" zu Rowlings Einstellung. Im kirchlichen Milieu ist Saulus-Paulus der eigentliche „Moral-Apostel" – nicht Jesus Christus! Immerhin sind „Sex und Religion" eindeutig einander verbunden, wie die Erschaffung Adams und Evas bezeugen.

Die Verklärung Jesu auf dem Berge gilt als d e r „personale Gipfelpunkt" in der Zusammenfassung des menschlichen Wohers und Wohins [258]: Das Vorbild leuchtet auf in der Erschaffung der Engelwelt am Anfang der Schöpfung. Da werden die Unsichtbaren als „glanz-strahlende Morgensterne" beschrieben, deren göttlicher „Licht-Ausbruch" sie zu „Licht-Bringern" [259] und zu Boten (Engel) [260] gemacht hat. Ihre Zeugung kann man mit dem Ausbruch einer „Super-Nova" vergleichen – ihr Zeugungsakt gleicht einem „Licht-Orgasmus" des Schöpfers durch seine Geschöpfe hindurch.

Die Unterscheidung in „männlich"/"weiblich" erfasst das ganze Mensch-Sein, und nicht nur die Zentrierung auf das Kind hin. Es ist stets der Aus-Druck des Eins-Geworden-Seins von Mann und Frau als ein „Drittes im Bunde", und sprengt so die bloße Ich-Du-Beziehung auf, hin zur Wir-Gemeinschaft. Diese „Drei-Ecks-Beziehung" verhindert Einbahnstraßen in Sachen Liebe, weil sie im unsichtbaren Dritten verankert ist: dem Schöpfer-Gott.

Doch „bei der Auferstehung von den Toten werden sie weder heiraten noch verheiratet sein, sondern sie sind den Engeln gleich", lehrt Jesus. Folglich besitzen auch die Engel eine eigene Leibhaftigkeit, die sich energetisch von der Materialität der Menschen unterscheidet. Die Bibel erklärt, der Vater habe den Sohn „gezeugt noch vor dem glanzstrahlenden Morgenstern". Der Verklärte als Gottes Sohn steht damit vor bzw. über den „Göttersöhnen", den Engeln. Auch sie spiegeln das Geheimnis des Schöpfers wider: Gott ist sowohl der „Ur-Alte" wie auch der „Ur-Junge" in eins! So, wie im Zentrum der Sonne alle Strahlen eins sind.

a)   „Zwischen Stern und Stern ist Nacht".

Die Attraktivität der Gestirne können wir nur deshalb erfahren, weil zwischen ihnen „Nacht", also Dunkelheit, ist. Planeten sind nur deshalb erkennbar, weil sie um ihre Sonnen kreisen und bei dieser „Rundfahrt" punktuell deren Ausstrahlung verdecken; auch Kometen und Meteoriten sind nur bei Licht erfassbar. Will man diese „Nacht" zwischen den Gestirnen astrophysikalisch näher beschreiben, gelangt man auch zum Begriff der „dunklen" Materie und Energie; deren Bestimmbarkeit ist aber noch völlig offen für wissenschaftliches Erkenntnis-Bemühen? Logisch gedacht kann es gar keine „Nacht" sein zwischen den Sternen, weil deren Licht in alle Richtungen zugleich ausstrahlt. Dieser

Leer-Raum, der keine Licht-Brechungen kennt und „nichts" re-
flektiert, ist ein Rätsel! Was für unser Auge zu schnell ist, sehen
wir nicht. Geblendet werden wir nur, wenn wir direkt ins Licht
blicken. Jenseits einer bestimmten Grenze kann das Licht in
Konsequenz wieder wie die „Nacht" bzw. „Finsternis" und auch
als Mangel empfunden werden – es „fehlt" etwas? Wenn man
sagt, „das Hemd sitzt einem näher als der Rock", so beschreibt
man damit auch Zwischenräume – die mit einer anderen
Stofflichkeit gefüllt sind, nämlich der Luft! So ähnlich darf man
sich das Universum wohl auch vorstellen: jedes „Da-zwischen"
gehört einer anderen Wirklichkeit an. „Leer-Räume" gibt es im
Universum auf sämtlichen Ebenen: im Makro-, Mezzo- wie im
Mikro-Kosmos, grob unterschieden. Energetik wie Materialität
besorgen Abstände, Zwischenräume (cf. das Spiel von Nähe und
Distanz, Anziehung wie Abstoßung, Libido und Aggression,
Sympathie und Antipathie entsprechend den Grundkräften des
Zentripetalen und Zentrifugalen).

Übersetzt man diese Erkenntnisse auf die Ebene des Mensch-
Seins, so darf man Joanne K. Rowling zugestehen, dass es ihr
„optimal gelungen" ist, diese Einsicht - „zwischen Stern und
Stern ist Nacht" – „ver-stoff-licht" zu haben…

b)   Der „Gipfel-Punkt": Durch-Lichtung.

Jede Form von Liebe meint letztendlich die Anbetung, sofern
man darunter versteht das Sich-Verlieren- und -Wieder-Finden-
Dürfen i m Du des Anderen, ohne dabei zerstört zu werden.

In der Verklärung Jesu auf dem Berge wird deutlich, dass deren Zielrichtung eine Hinwendung nach innen ist – das Höchste meint das Tiefste: *„In der ganzen Religionsgeschichte... gelten und galten die Berge als Orte einer besonderen Begegnung mit Gott. Der Berg schafft Höhe, er führt den Menschen heraus aus der Enge, den Verstrickungen, den Ärgerlichkeiten des Alltags. Er lässt ihn Abstand gewinnen, ihn Überblick finden, ihn etwas schauen von der Größe der Schöpfung Gottes, etwas von der Kraft und von der Nähe des Schöpfers verspüren...Christus ist, wie wir aus dem Evangelium wissen, auf die Berge gegangen, um zu beten. Er ist auf dem Berg verklärt worden, er ist freilich auch auf dem Gipfel des Berges gekreuzigt worden. Aber das Kreuz auf dem Berg wurde zum Zeichen der Erlösung, gleichsam zum Weltenbaum und zur Welten-Achse, die Himmel und Erde zusammenhält...“* [261]

In seiner Verklärung erstrahlt Jesus als „Höhe-Punkt": *„Und während er betete, veränderte sich das Aussehen seines Angesichts, und sein Gewand wurde strahlend weiß."* [262] Er wird zum „Licht-Stab" für Moses (Repräsentant des Gesetzes) und Elias (der Prophet schlechthin, [263] - der auf einem Feuerwagen gen Himmel entrückt wurde [264]); diese beiden stehen neben Jesus und bezeichnen ihn gegenüber den drei Jüngern Petrus, Johannes und Jakobus als die personale Erfüllung ihrer eigenen Sendungen [265].

„Und während sie vom Berge herabstiegen, gebot er ihnen, niemandem zu erzählen, was sie gesehen hatten, bis der Menschensohn von den Toten auferstanden sei. Dieses Wort hielten sie fest und besprachen miteinander, was das bedeute: von den Toten auferstehen." [266] (cf. auch das Sonnen-Wunder der Seher-Kinder von „Fatima" auf Apk 12 hin!)

c)   „Blitz-Licht-Gewitter": Die große Scheidung.

Wie bereits zu erkennen war, beschreibt die Bibel die Geburt der Engel nach Art eines „Blitz-Licht-Gewitters": ausgestaltet sind diese Erstgeborenen der Schöpfung als Lichtwesen („jauchzende Morgensterne") [267]. Am besten kann man sich diesen „Vorgang" veranschaulichen mit Hilfe der zu Weihnachten verwendeten „Wunderkerzen", die als beschichtete Stäbchen am Christbaum aufgehängt und angezündet werden können. Da ihre Mischung u.a. Phosphor und Sauerstoff enthält, könnte man sie auch auf dem Mond entzünden, wo gar keine Lufthülle vorhanden ist. Einmal entfacht sprühen die Feuerfunken in alle Richtungen am Stab entlang; der Rest erlischt in materiellen Partikeln (im alpenländischen Raum werden diese Stäbchen „Christkindl-Spritzer" genannt). Diese Ent-Zündung besorgt also auch eine Scheidung zwischen Licht und Stofflichkeit, „Energie und Masse"?

Die am Anfang der Schöpfung als „Blitz-Licht-Gewitter" bezeichnete Erschaffung der Engel-Welt ist bereits als „Jüngstes Gericht" beschrieben worden und wurde für diese zur „Großen Scheidung" [268] – was der Offenbarer mit seinem Selbst-Zeugnis in der Apokalypse bekennt: *„Ich bin das Alpha und das Omega, der Erste und der Letzte, der Anfang und das Ende… Ich bin die Wurzel und der Stamm Davids, der strahlende Morgenstern."* [269] …

Dem ähnelt und davon unterscheidet sich zugleich jenes Gericht bei der Wiederkunft Jesu: denn *„wie der Blitz bis zum Westen hin leuchtet, wenn er im Osten aufflammt, so wird es bei der Ankunft des Menschensohnes sein"* [270] … - wer kann diesen Anblick ertragen [271]?

Die auf ihn setzen, wissen zu schätzen: *„Nichts begründet so sehr ‚ewige Jugend‘ wie die theologische Tugend der Hoffnung."* [272]

Das erfuhren auch die Frauen am Grabe Jesu! Und sie begegneten dem Engel, dessen *„Aussehen war wie der Blitz und sein Gewand weiß wie Schnee"* [273]. Der Engel als jugendlicher Held!

Für theologisch Interessierte stellt sich die Frage wegen der Einheit der Schöpfungs-Wirklichkeit: Hängen „Ur-Knall" und „Blitz-Licht-Gewitter" zusammen? (Isaac Newton lässt grüßen!)

Wieder ist es das kleine Wörtchen „wie", welches im Vergleich auch den „Ort des Abfalls" erkennt: wer zum Augenblick sagt „Verweile doch, du bist so schön!" will eigentlich nicht mehr da heraus – und also auch „sein wie Gott"??? Das im verheißenen Durch-Gang Stecken-Bleiben bzw. „Ver-Stehen" wäre dann die „Sünde gegen den Heiligen Geist"? Man muss der Schlangen-Rede nachspüren, die den beiden im Paradies „verheißt": *„... Keineswegs werdet ihr sterben"* – aber erst d a n a c h werden sie sein *„wie Götter, die Gutes und Böses erkennen"* [274] Ab da gilt: „Alle Menschen sind klug: die einen vorher, die anderen nachher..."

„Da vernahmen sie den Schritt Jahwes Gottes, der sich beim Tagwind im Garten erging, und der Mensch und sein Weib verbargen sich unter den Bäumen des Gartens. Jahwe Gott aber rief dem Menschen zu und sprach zu ihm: ‚Wo bist du?‘ Er antwortete: ‚Ich vernahm deinen Schritt im Garten; da fürchtete ich mich, weil ich nackt bin, und verbarg mich" [275]

Scham als Versteck-Kleid – „Beichte" als deren Überwindung (im Bekennen Durch-Sichtig-Werden!) ...

Die erlangte „Bewusstseins-Veränderung" muss folglich wieder aufgehoben werden durch „Vereinigung, die differenziert" (so ein „technischer Begriff" Teilhards). Dies geschieht im „Jüngsten Gericht" via „Involution", womit dem „Ur-Knall" ein Gegen-Bild als „Ur-Sog-Ereignis" ersteht (cf. Rowlings „Portschlüssel"). Da Gott „kein Gott von Toten, sondern von Lebenden ist", bewirkt die Versetzung da hindurch keine Gleichmacherei: Er Selbst stellt sich zentral vor als „der Gott Abrahams, der Gott Isaaks und der Gott Jakobs"; und Jesus übernimmt diese differenzierte Sichtweise mit *„Mein und euer Vater"*; jeder erfährt seine ganz persönliche Beziehung zu Gott. So ist das „Jüngste Gericht" für die einen Erfüllung der Liebe, für die anderen Verdammnis (das „Höllen-Feuer" wäre nichts anderes als die Glut der Göttlichen Liebe, die das in Ego-Zentrik „selbst-verweigerte Geschöpf" umhüllt, ohne in es einzudringen?): cf. die „Christkindlsspritzer"…

7   Die   Ziel – Ansage.

Die bereits skizzierte Fischfang-Szene am See von Tiberias [276] ist als Anhang des Johannes-Evangeliums eine weitere Beschreibung von Jesus als dem Christus („Messias"). Nach dem Früh-Mahl erfolgt für Simon eine ganz persönliche „Flurbereinigung" in Bezug auf sein Verhältnis zum Herrn der Kirche. Dass ihm verziehen worden ist, macht ihn auf Zukunft hin zum „Felsen", „Petrus", auf den Jesus seine Kirche aufbaut…

Persönlich gestärkt schreibt er später dank des Erlebten: „*Und so besitzen wir das prophetische Wort umso fester, und ihr tut gut daran, darauf zu achten wie auf eine Leuchte, die am finsteren Ort scheint, bis der Tag anbricht und der Morgenstern aufgeht in euren Herzen. Dies aber erkennt zuerst, dass keine Schriftweissagung eine eigenmächtige Auslegung zulässt. Denn niemals erfolgte eine Weissagung durch menschliche Willkür, sondern, vom Heiligen Geist getrieben, haben Menschen von Gott her geredet.*"[277]

Sein Fundament für diese Ermahnung ist diese Fischfang-Szene und seine „Liebeserklärung" an den Auferstandenen, der ihn sanft beauftragt: „*... Weide meine Lämmer, weide meine Schafe...*" Sofort kümmert er sich um Johannes, den Vetter und Liebling Jesu: „*Herr, was soll aber mit diesem werden?*" [Die Frage hat wohl damit zu tun, dass von allen Jüngern allein Johannes unter dem Kreuz gestanden hatte - der Gekreuzigte regelt für Maria und Johannes „testamentarisch" deren Versorgung (hätte es realen Nachwuchs von Josef und Maria gegeben, so wäre dieser nach dem Tod Jesu „versorgungspflichtig" gewesen gegenüber der Mutter laut jüdischem Gesetz!)] Jesus erwidert dem Ersten der Apostel kurz: "*Wenn ich will, dass er bleibt, bis ich komme, was geht das dich an? Du folge mir.*" Daher verbreitete sich das Gerücht unter den übrigen: „*Jener Jünger stirbt nicht.*" [278]

[Die Tradition war der Meinung, dieser Jünger sei auch der Verfasser der Apokalypse — der Namensgleichheit und der Einleitungs-Vision wegen (der Schreiber begegnet dort einer Gestalt „*gleich einem Menschensohn*", dessen „*Antlitz war, wie wenn die Sonne scheint in ihrer Kraft*" [279]).]

Im Grauzonenbereich zwischen Vergangenheit und Zukunft muss die junge Gemeinde unter Führung des Simon Petrus sich erst organisieren – da hilft unter den Evangelisten Johannes mit. Um Johannes selbst braucht sich Petrus aber nicht zu kümmern – das ist der Sinn der Antwort Jesu. Anders: Petrus steht nicht über Johannes, sondern neben ihm...

Insofern ist es nicht verwunderlich, dass nach dem Ende des Zweiten Weltkrieges auf neutralem Boden der Schweiz (!) der Theologe Hans-Urs von Balthasar [280] zusammen mit der Baseler Ärztin Adrienne von Speyr [281] 1945 diese Szene am See von Tiberias als Übergang hin zur „Endzeit" der Kirche gedeutet und aus dieser „Wurzel" ihre „Johannes-Gemeinschaft" (mit Verlag) gegründet haben:

„Am Ende des Johannesevangeliums wird der wunderbare Fischfang erzählt. Petrus geht fischen, aber er hat schon früh die Verheißung vom Herrn erhalten, er werde Menschenfischer sein. Zum Fischen im Allgemeinen gehört es, dass man einmal viele Fische fängt, einmal wenige, einmal gar keine. Die erste Sorge des Fischers beim Herausziehen ist nicht, die Fische zu zählen, sondern ganz allgemein zu wissen, ob es viele sind: er wägt sie. Hier am See von Tiberias ist es anders... Es ist der Fischfang des Herrn, der keine Massen beruft... Aus diesem Bewusstsein...zählt Petrus die Fische. Es sind 153... Die Zahl ist ein Inbegriff..." [282]

Allerdings verwundert, dass Adrienne von Speyr mit ihrem Mentor Hans-Urs von Balthasar - später von Papst Johannes Paul II. zum Kardinal ernannt - diese Zahl als „Inbegriff" selbst nicht näher ausleuchtet: denn es ist die Zahl der „Kirche als Person"!

Adrienne erblickt in den Zahlen Sendungen von Menschen der Heilsgeschichte, die in ab- wie aufsteigender Linie (ähnlich der Jakobsleiter) Aufträge zu verwirklichen haben und folglich auch im Rang von Boten („Engeln") stehen. Für den Verlauf und den Erfolg der Sendung ist ihre Existenz, ihr Handeln und Wirken notwendig und wesentlich, um zum Ziel zu kommen. Diese Zahlen-Träger bilden zusammen ein heils-geschichtlich wirksames „Fischer-Netz", da sie untereinander in der Auf- und Ab-Folge gemäß dem Thema ihrer Sendung untereinander verknüpft sind: *„Die Heiligen des Alten Bundes sind für unsere Begriffe ausgezeichnet durch einen unmittelbaren Umgang mit dem Wort Gottes. Noch die Apostel als Heilige des Neuen Bundes lebten im Verkehr mit dem menschgewordenen Wort..."* Das zeichnet sie aus.

Und das „Puzzle" kann erst als Ganzes verstanden werden mit dem 153. Fisch!

„Der Fischzug Petri ist eine Wirklichkeit. Und die Zahl der Fische, die die Apostel gezählt haben — ohne ihren Sinn zu verstehen — ist es auch. Der Fischzug und die Zahl ist ein Geschenk des Auferstandenen an seine Kirche. Petrus hat diese Fülle durch die Gnade des Herrn aus der Tiefe ans Licht gezogen und gezählt." (Das hat E. Fuchs „intuiert"?)

Alles ist Annäherung? *„Das muss man vor allem um der Leute willen betonen, die gewohnt sind, hinter alle Worte und Begriffe, die sie ge brauchen, einen Punkt zu machen." „Sie meinen zum Beispiel zu wissen, was Glaube oder was Hoffnung ist. In Wirklichkeit wird man mit solchen göttlichen Dingen nie fertig. Auch die Bibel wird damit nicht fertig. Wir sollen versuchen, immer zu sehen, wie der Himmel über der Erde offen steht. Alles ist offener und größer und gediegener, als wir denken..."* [283]

KAPITEL III.   „EMPOR IM VORAN".

> **„Die Zahl ist das Wesen der Dinge."**
>
> Pythagoras
>
> **„Was wir wissen, ist ein Tropfen;**
> **was wir nicht wissen, ein Ozean."**
>
> Isaak Newton

Der Mensch begreift sich und seine Welt in Wort und Zahl. Was in Rowlings Romanen sofort auffällt: denn gleich im ersten Buch fährt der Zug im Bahnhof „Kings Cross" nach Hogwarts von Gleis $9^{3/4}$ ab; die vorher-bestimmten Kinder dürfen mit Erreichen des 11. Geburtstages die Schule „für Zauberei und Hexerei" besuchen; und der Alchimist Nicolas Flamel hat gerade seinen 665. Geburtstag hinter sich gebracht.

Die spekulative „Durch-Sicht" dieser Zahlen lässt erkennen, dass dank des Gleises $9^{3/4}$ nur $^{1/4}$ fehlt, um die volle 10 zu erreichen. In der Zahl 666 ist die 11 gleich 60,545454... mal enthalten — es fehlt zur 700 hin nur wenig?! („Ist nicht 7 die mächtigste magische Zahl?" fragt Tom Riddle Professor Slughorn.) Nicht nur in der Bibel gilt die 7 als Zahl der Fülle! Man mag dies als bloße „Rechnerei" bzw. Spielerei oder gar Spinnerei abtun im Sinne amüsanter Unterhaltung; hält man sie aber für bedeutsam, müsste man dem Sachverhalt etwas gründlicher nachspüren?

Nicolas Flamel gilt als bekannter Alchimist; in der Rowling-Geschichte ist er der wichtigste Zauberer „im Ruhestand "seines 666. Lebensjahres. In der Apokalypse heißt es:

„Hier ist Weisheit" nötig – nicht bloßes Wissen -: *„Wer Verstand hat, rechne die Zahl des Tieres aus! Es ist nämlich die Zahl eines Menschen. Und seine Zahl ist 666."* [284]

Darin ist Rowlings Krimi „vernetzt"?

1   Nicolas Flamel als „Einstieg".

Soweit historisch fassbar hat es einen Nicolas (Nicholas) Flamel tatsächlich gegeben (vermutlich von 1330 bis 1413); als Sohn jüdischer, zum Katholizismus konvertierter Eltern war er vielseitig begabt; völlig offen ist jedoch, ob er sich tatsächlich mit Okkultismus und Alchemie beschäftigt hat. In Paris gibt es im 4. Arrondissement eine Straße, die seinen Namen trägt. Auf seinem von ihm selbst 1410 entworfenen Grabstein finden sich keine geheimen Symbole, sehr wohl aber christliche Motive. Immerhin deuten diese an, dass er sich zu Lebzeiten intensiv mit den Fragen Tod, Auferstehung, Ewigem Leben usw. befasst und auseinander gesetzt hat. Dank seiner jüdischen Herkunft waren ihm auch apokalyptische Themen nicht fremd. Joanne Rowling führt nach Flamels [285] 665. Geburtstag logisch zu dieser Zahl 666 hin. Die drei Kinder wollen über Nicolas Flamel unbedingt mehr herausfinden und forschen in der Bibliothek nach: „... *Harry sah sich die Sammelkarte der berühmten Zauberer an... Ihm stockte der Atem. Er starrte auf die Rückseite der Karte... ,Ich habe ihn gefunden! ... Ich habe Flamel gefunden!..*" Und dann las er vor: "*Professor Dumbledores Ruhm beruht vor allem auf seinem Sieg über den schwarzen Magier Grindelwald*" — man fühlt sich in die Schweiz versetzt! — "*im Jahre 1945*"... "*und auf seinem Werk über Alchemie, verfasst zusammen mit seinem Partner Nicolas Flamel...*" [286]. Letzterer wird als der "*einzige bekannte Hersteller des ,Steins der Weisen' (auch ,Azoth' genannt — arabisch*" *,El Iksir)*" — woraus sich das Fremdwort "Elixier" [287] ableitet) vorgestellt.

In der Heilkunde wie in der Küche usw. dienen Zahlenangaben von Rezepturen ihrer konkreten Umsetzung; die Dosierung ist maßgebend, was "natürlich" auch für die Magie gilt? ("Tüfteleien gehören zum ,Illusions-Geschäft'".) Die gesamte Computer-Technik hängt von der Berechenbarkeit der "Einsatzmittel" ab, und "Perfektion" ist Voraussetzung für Erfolg.

2   Rechen-Künste?

In der Numerologie wie Zahlenmystik wird "Rechen-Kunst" ganz im Sinne des alten Pythagoras genutzt, um Beziehungen anzugeben bzw. festzulegen. (So geben im Lateinischen bestimmte Buchstaben des Alphabets auch Zahlenwerte an.) Die moderne Gesellschaft kommt - technisch gesehen - ohne die Nutzung der "Zahlen-Sprache" gar nicht mehr aus — das gilt im

Besonderen für die Astrophysik und Raumfahrt, aber auch für die Steuerung von Alltags-Prozessen dank EDV-Vernetzungen. Tatsächlich ist das Leben heute viel komplexer, aber auch komplizierter geworden. Sofern man in bestimmten Denk-Systemen den Wert von Zahlen kennt und nutzt, kann man bestimmte Zusammenhänge auch viel schneller „auf einen Nenner bringen" und somit aussagen.

Biblisch-theologisch gesehen erklärt A. von Speyr die Zahlenwerte der Schrift als „Inbegriff einer Wirklichkeit" und ergänzt:

„Das System der Zahlen ist erdacht... als Merk- und Erkennungszeichen ... Gerade dadurch, dass die Zahlen selbst Wort sind, helfen sie zu einem neuen Blick auf das Wort hin. Das Wort wird oft zu sehr an das Subjekt gebunden und die Objektivität der Zahlen gibt ihm etwas von der Freiheit zurück. Das Zahlensystem mag wie ein Spiel aussehen, aber dieses Spiel hat den Zweck, den Blick auf das Wort auszuweiten und dem Wort mehr unmittelbare Lebendigkeit zu verleihen." [288]

3   Die Zahl 666.

Die Zahl 6 ist eine teilbare Zahl: 2 x 3. Adrienne sieht in der 2 die Ich-Du-Beziehung des Menschen (als Mann und Frau), selber wieder teilbar ist durch 1. Die 3 kennzeichnet das kreatürliche Verhältnis von Geist – Seele – Leib und spiegelt zugleich im Mensch-Sein den Bezug zum Schöpfer als dem Drei-Faltig-Einen Gott (Vater – Sohn – Heiliger Geist). Da die Zahl 6 keine Fülle

enthält, wird sie auch als „Ort der Versuchbarkeit / Versuchung"
verstanden: geteilt in 2x3 erscheint im „gekippten" Kreuz (X) der
Multiplikation das „Je-mehr-sein-Wollen"... So ist diese Zahl
auch als „Un-Ruhe-Stifterin" wirksam; sie kommt erst mit Hilfe
der 1 hin zur Zahl 7 (Ausdruck von Erfüllung, Fülle), in der
sie integriert „ruht" (daher wird der 7. Tag der Woche als
Feiertag, nämlich Sonntag - „Sonnen-Tag" begangen: „... *Gott
vollendete am siebten Tag Sein Werk, das Er gemacht hatte, und ruhte
am siebten Tag...*" [289]).

Die Zahl 666 vervielfacht mit den aneinander gereihten 6-en den
Überheblichkeits-Wahn und –Anspruch von Menschen hin zur
Gesellschaft und zum Kosmos („Weltall"). [Eine „innere Achse"
ergibt sich aus der Quersumme: 6+6+6 = 18 (= 2x3x3 = 2x9)
- wiederum verkürzt auf 9 = 3x3; die erste Quersumme als 18
stellt in der 1 den Einzigartigen vor, dem die 8 folgt als 2x4 (2:
Erde und Himmel /4: die Elemente Feuer, Wasser, Erde und
Luft) – sie steht für die Schöpfungswirklichkeit mit ihren
vielfältigen Wechselbeziehungen und Auswirkungen. Die 9
selbst wird als „Mantel der Schöpfungs-Geheimnisse" vorgestellt.
Die 10 gibt die Welt-Ordnung wieder (10 Gebote).]

Wird die Zahl 666 nur auf e i n e n Menschen bezogen, wie
es die Apokalypse tut, dann geht es um Macht im absoluten wie
relativen Sinn: Selbst-Mächtigkeit, Diktatur und Welt-Herr-
schaft in Bezug zu Allen und allem als Ausdruck von Maßlosigkeit
„vor aller Welt" („Sein-wollen-wie-Gott": Rowlings Voldemort
„tönt" gegenüber Severus Snape : „*Ich bin außergewöhnlich...*" –

*w*as „Einzigartigkeit" mit-behauptet?! Das „dank" seiner Horkruxe – denn: „*... nur ich kann ewig leben...*") [290].

4   Spiegelungen:
          Haken-Kreuz, Juden-Stern, Papst-Tiara
          im Zeichen des Sakralien-Signets ...

Nur in Deutschland sind diese drei „Symbole" für den Zeitraum
von 12 Jahren – unter der Fahne des „tausendjährigen Reiches"
(auch ein Begriff der Apokalypse) zusammen gekommen [291]; da
die Zahl 12 u.a. das „Zwölf-Stämme-Volk Israel" kennzeichnet
und ebenso die Kirche (12 Apostel als „Fundament"), kann man
auch von einer eigentümlichen „Dreiecks-Beziehung" ausgehen,
wie sie in Joanne K. Rowlings Sakralien-Signet „der drei Brüder"
aufklingt: wo es „auf Leben und Tod" zugeht, ist die „arische"
Rasse mit ihrer Reinblütigkeits-Wahn auf „einzigartige" Weise
auffällig geworden? Was für eine Verspottung!

Kurz gefasst haben alle drei Sozietäten institutionell etwas mit
der Zahl 666 zu tun, welche sie „verbrüdert" hat „als ‚Heilige'
des Todes", insofern es um die erbarmungslose Durchsetzung
von „All-Macht" geht:

-    Das Haken-Kreuz ist ein „gekipptes" Kreuz, und hat als solches das
     X als „Vervielfältigungszeichen" in sich eingebunden gleichsam als

„Rückgrat". Man kann es aus einem Würfel „heraus-destillieren"
(s. Grafik). Der Würfel als „Stein" beschreibt den erneuten
Versuch eines Menschheits-Mauerbaus mit den Mitteln des
Totalitarismus.

- Der „Juden-Stern" (goldfarben) ist dem David-Stern (blau-weiss)
  nachempfunden und markiert im Sinne des davidischen Königtums
  den messianischen Welt-Herrschafts-Anspruch für Zeit und Ewigkeit [292]. Der Stern (Kugel) ist das Gegenbild zum Würfel (Kristall).

- Die Papst-Tiara „krönt" mit ihren drei Diadem-Ringen wohl die
  offenkundigste Herrschafts-Aussage „vollkommener" Macht „auf
  Erden wie im Himmel"; die gekreuzten Petrus-Schlüssel (auch
  formal ein X) bezeugen sie als Segen für alle Welt: „Urbi et Orbi"
  („der Stadt und dem Erdkreis" zugewandt).

Bedenkt man in diesem Zusammenhang, dass sich das „Heilige
Römische Reich Deutscher Nation" politisch wie religiös als
legitimer Erbe des Davidischen Königtums verstand, so sind die
Verflechtungen auf deutschem Boden mit dem „Dritten Reich"
noch viel augenscheinlicher gegeben? (Es verblüfft das Ausmaß
der Juden-Verfolgung aus genealogischer Sicht: in Bethlehem
wurden 2 Jahre als mörderische Zeitspanne festgelegt, „um auf
Nummer Sicher zu gehen"; die NS-Diktatur hatte gleich 200
Jahre veranschlagt! Papst Pius XII. sollte aus dem Vatikan ent-
führt und festgesetzt werden, um die Kirche „in den Griff zu bekommen".)

Da die Zahl 666 laut Apokalypse die Zahl eines Menschen ist,
und Moses für die Hebräer beim Auszug aus Ägypten d e r

„Führer ins Gelobte Land" war, ist die Zuspitzung auf e i n e Person hin fast „zwingend geboten"?

Es ist schon eigentümlich, dass Rowling ihren „Un-Menschen" „abgekupfert" hat am NS-Führer des „Dritten Reiches"; und zugleich sieht sie eine Verbindung zwischen Harry Potter und dem, „dessen Name nicht genannt werden darf" [293] (Voldemort – ein „Nachfolger als Vorläufer"?) Sind beide eins in der Zahl 666? (Verbirgt sich hinter der grausamen Juden-Verfolgung ein Geheimnis des davidischen Königtums bezüglich „Endzeit"?)

5   „Der Würfel fällt – die Kugel rollt…"

Teilhard de Chardin hatte das Prinzip des Anorganischen am Kristall festgemacht und das des Organischen in der Zelle gesehen. Tatsächlich können Würfel und Kugel diese Gegensätze ver-anschaulichen. Steine, Ausdruck von Festigkeit, taugen für den Haus- und Mauer-Bau; Kugeln (z.B. einer Perlenkette) berühren einander nur in einem einzigen Punkt, Symbol von Beweglichkeit.

(Die sogenannte „Freimaurer-Kugel" sucht diese Gegensätze aufzulösen, zu „er-lösen" in der Vereinigung der Gegensätze?! Klappt man einen Würfel auf, bekommt man 6 Pyramiden und kann sie in Kreuzes-Form aneinander reihen. Für Kunsthandwerker eine lohnende „Spielerei"…)

150

6 x 6   = 36

Ein Würfel hat sechs Seiten: unterteilt man jede Seite ebenfalls in sechs kleinere Quadrate, so bekommt man neun auf jeder Seite davon: 9 x 6 = 54; Diese Zahl 36 läßt sich auf einer Würfel-Quadrat-Seite „auf-listen", und wenn man alle Zahlen so gereiht zusammenzählt, bekommt man die Zahl 666; alle Zahlen, welche diagonal gekreuzt werden, ergeben zusammen jeweils 111.

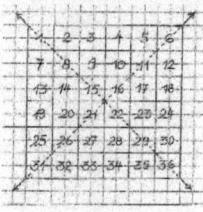

Schneidet man einen Würfel im Sinne eines „Hohl-Körpers" auf und klappt die Seiten auseinander, so lässt sich ein „Würfel-Kreuz" konstruieren (wobei die hintere Seite als „Fuss-Ende" ausgefaltet erscheint).

Zieht man nunmehr durch jedes Feld eine Diagonale – im Zahlen-Modell mit je 111 summarisch vorgegeben – und überträgt die des Fuss-Endes in die Mitte, so erscheint das Haken-Kreuz mit der Gesamt-Zahl 666.

Der Schnitt-Punkt dieses Haken-Kreuzes hat in der Mitte ebenfalls eine Null-Stelle (mathematisch-geometrisch gesehen), von welcher Bewegungsabläufe wie Sog und Flucht ausgehen können (cf. das Modell einer Schiffs-Schraube).

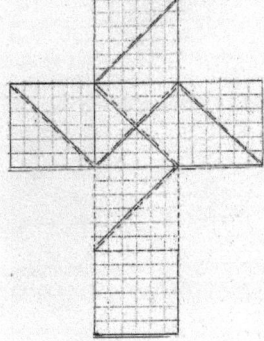

DIE KUGEL ROLLT ...

Im Roulette-Spiel ist das Kugel-Modell gewissermaßen dem Erdball wie der Sonne „verbunden"; ein Querschnitt ergibt das Faden-Kreuz im Dreh-Kranz als Rotations-Achse für den beweglichen Teller, in welchem die in Schwung gebrachte Spiel-Kugel laufen kann, um bei Stillstand hernach in ein Zahlen-Feld zu rollen; für den etwaigen Gewinner ist das die Glücks-Zahl – für alle anderen Spieler das Pech. Gerät aber die Kugel in das Feld der NULL, ist die „Bank" die Gewinnerin der Einsätze. Der Zahlen-Kranz teilt sich in jeweils 18 rote bzw. schwarze Felder auf – nur die Null (welche den Mittelpunkt des Dreh-Kreuzes widerspiegelt) hat ein grünes Feld.

PAPST-TIARA, HAKEN-KREUZ UND JUDEN-STERN IM LICHT VON 666:

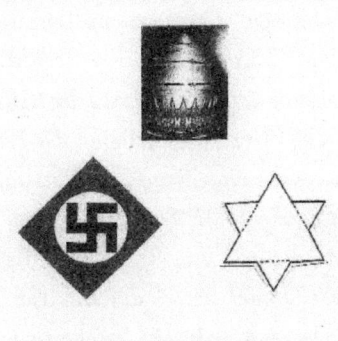

Die Papst-Tiara symbolisiert ein Total-Anspruch Geistlicher Macht für Erde und Himmel im Titel, den die 3 Ringe der Tiara ausdrücken: „VICARIVS FILII DEI" (= „Vikar/Stellvertreter des Sohnes Gottes"). Zählt man alle Buchstaben zusammen, die auch Zahlenwerte haben, so kommt man ebenfalls auf 666: V (5) + I (1) + C (100) + I (1) + V (5) + I (1) + L (50) + I (1) + I (1) + D (500) – I (1). Der Papst muss den Sinn der Zahl wissen !

Die Zahlen geben Gesetzmäßigkeiten im gesamten Universum an – ohne sie wäre die Erforschung des Weltalls undenkbar und Raumfahrt unmöglich. Die Kugel als Modell der Zelle, also des Organischen, kann als Symbol für das freiheitlich-verbundene Zusammenwachsen der Menschheit gelten (die Erde selbst hat Kugelgestalt). Das gilt nicht für den Würfel…

In der Kraft der „Amorisation" – die mehr ist als „Sozialisation" – sieht Teilhard die einzige Chance, Individuum und Sozietät immer wieder neu in „Ein-Klang" zu bringen (als „Empor im Voran"): *„Das Christentum ist par excellence die Religion der Person. Es ist sogar in einem so hohen Grade die Religion der Person, dass es in der gegenwärtigen Stunde Gefahr läuft, seinen Einfluss auf die moderne Seele aufgrund der von ihm gezeigten Art von Unfähigkeit zu verlieren, die organischen Zusammenhänge zu begreifen, die das Universum ausmachen. Für neun Zehntel derer, die Ihn von außen her sehen, erscheint der christliche Gott als ein Großgrundbesitzer, der seine Ländereien, die Welt, bewirtschaftet. Doch diese konventionelle Gestalt, die durch allzu viel Anschein gerechtfertigt wird, entspricht im Grunde in nichts dem Dogma oder der evangelischen Einstellung…"* [294]

Die Tiara sticht deshalb hervor, weil sie die päpstliche Universal-Gewalt im Titel dokumentiert und dem Sakralien-Signet ähnelt. Nimmt man ein zweites und dreht es um, ergibt dies zusammengesetzte „Emblem" einen David-Stern [295]. Damit kann dieses Signet auch den Traum des Stammvaters David (s. S. 82) „einholen" und die griechische Alpha – Omega-Thematik „figurieren"…

6   „Glücks-Spiele"?

Im Glücks-Spiel finden wir beides wieder: den Würfel und die Kugel. „Hantiert" man ein wenig mit den Worten, kommt man leicht dahinter, dass „Glück" etwas mit „Gelingen" zu tun hat. Man kann es sich nicht selber machen, aber wenn es „mit von der Partie" ist, dann kann alles gelingen. Das zeigt Rowling für Harry auf, der dank seines „Pechs", ein altes zerschlissenes Lehrbuch für das Fach „Kräuterkunde" bei Prof. Slughorn nutzen zu müssen, bald feststellt, dass dieses Hilfsmittel dank seines Vorbesitzers ihm dazu verhilft, sogar Hermine zu übertrumpfen. Er erhält als Lohn vom Fachlehrer ein Fläschchen „Felix Felicis" [296] (auch „flüssiges Glück" genannt), dessen Konsumierung ihm eines Tages dazu verhilft, Tom Riddles Geheimnis um die Bedeutung der „Horkruxe" zu lüften; und wie nebenbei erfährt er auch noch von einem Lebenszeichen seiner Mutter durch Slughorn, „im Zeichen des Fisches"...

Aus der Riesen-Fülle von Spielen für Kinder, Jugendliche und Erwachsene sticht zweifellos das „Roulette" hervor, weil es universale Gegebenheiten widerspiegelt: In einer runden Schale befindet sich in der Mitte das Dreh-Kreuz, welches die kleine Kugel in Schwung bringt und rotieren lässt. Am äußeren Rand der Schale sind die Glücks-Zahlen von 1 bis 36 markiert, jeweils abwechselnd auf rotem bzw. schwarzem Feld. Hinzu kommt die 0 (die der „Null" im Kreuzes-Dreh-Schnitt-Punkt entspricht), auf grünem Grund positioniert. Für alle Mitspieler gilt, nachdem sie ihre Glückszahl gewählt und auf diese gesetzt haben, dass „im Zentrum das Glück bewegt wird"; und wie im Leben lassen sich hier Emotionen und Erwartungen (während die Kugel rollt) ausspielen als „Liebe, Leid, Kraft, Sein" – entsprechend den vier Armen des Dreh-Kreuzes: aus dieser Mitte läuft alles heraus und mündet im neuen Spiel auch da wieder hinein.

Das Spiel selbst „schult" als „Riesen-Glücks-Gewinn", denn es bindet Beweglichkeit und Festigkeit in eins. Pierre Teilhard de Chardin verhehlt sich nicht, dass gewisse evolutive Fortschritte auch an Spielerei erinnern; doch beobachtete Gesetzmäßigkeiten legen auch eine andere Deutung nahe (ein missverstandener „Wunder-Begriff" kann der Natur nicht Genüge tun!): *„Die Welt ist gewiss ein zu großes Unternehmen; sie hat, um uns zu gebären, seit den Uranfängen mit zu viel Unwahrscheinlichkeit nach Wunderart gespielt… Wenn sie das Werk unternommen hat, so kann sie es auch vollenden, und zwar nach denselben Methoden und mit derselben Unfehlbarkeit, wie sie es begonnen hat."* [297]

„Wir lernen nicht für die Schule, sondern für das Leben"? Humorig-ironisch ergänzt Georges Bernanos [298] diese pädagogische Maxime, wenn er meint, die Jugend sei „das Fieber der Welt, das den Rest der Welt auf Normaltemperatur hält". Wenn die Jugend sich erkältet bzw. kalt wird, „klappert der Rest der Welt mit den Zähnen." (Was Joanne Rowling mit beinahe jugendlich gebliebenem Engagement auf erfrischend-spannende Weise in ihrem „Potter-Kosmos" entfaltet hat…)

7   Wissen schafft Macht durch Kraft:
       vom „System" bzw. „Organismus" der Wissenschaften…

Sigmund Freud [299], der weitaus jüdischer gedacht hat als viele
meinen (und den natürlichen Phänomenen sehr viel näher
kommt?) [300], sieht in der Ablösung des Spielerischen durch die
Wirtschafts- und Arbeitsbereiche den eigentlichen wunden
Punkt des menschlichen Reifens; die *„große Mehrzahl der Menschen
arbeitet nur notgedrungen, und aus dieser natürlichen Arbeitsscheu der
Menschen leiten sich die schwierigsten sozialen Probleme ab."* [301] Doch
er verkennt auch nicht, dass „die Lösung der Probleme stets zu
neuen Problemen führt" [302] – was Teilhard verschärft: *„Solange
das Kollektiv die Person absorbiert oder zu absorbieren scheint, tötet es
die Liebe vor ihrer Geburt. So beschaffen ist das Kollektiv wesentlich
unliebenswert. Der anonymen Zahl kann man sich nicht schenken."* [303]

Die Organisation der Menschheit im sozialen, kulturellen und
religiösen Milieu ist abhängig von den Ziel-Vorstellungen, also
auch vom Wissen, wie man diese beschreibt und attraktiv macht.
Einen „Menschheits-Mauerbau" lehnt er ab: *„Damit sich die
menschlichen Teilchen 'zentrisch' gruppieren, so zusammengepresst sie
auch sein mögen, müssen sie sich letztlich l i e b e n (sich ganz und
gar lieben)."* [304]

Nur: die Liebe kann man nicht befehlen, „verordnen"! Genau das
ist das Problem jeder Machtausübung. Wissen allein ist nicht
genug! Wird Macht negativ angewandt, macht sie erstarren, lässt
„gefrieren"; wird sie positiv eingesetzt, wirkt sie motivierend,
„elektrisiert" und verleiht Kraft!

Im Begriff „Macht" verbirgt sich eigentlich ein Prinzip der „Ver-
Härtung" – ihr Gebrauch macht hart?! Im Wort „Kraft" dagegen
steckt eine lebendige Energie, die sich als beweglich erweist.
Beide haben es auch mit der Freiheit zu tun... Teilhard ist der
Ansicht, dass die Menschheit nur dann eins werden kann, wenn
sie nach vorwärts hin ein Antlitz findet, das man lieben kann! Als
Wissenschaftler (Paläontologe) wechselt er hinüber zur Mystik
(als Theologe) und erkennt in Jesus dieses gesuchte Antlitz; ihn
bezeichnet er als den „Punkt Omega":

„Unter diesem Namen habe ich schon seit langem bezeichnet und verstehe
ich auch hier einen letzten und selbstsubsistenten Bewusstseinspol, der
genügend mit der Welt vereint ist, um die durch technische Anordnung
bis ins Äußerste ihrer Zentration gelangten kosmischen Elemente durch
Vereinen in sich zu sammeln..." [305] Doch „sobald das Universum vor
uns und für uns ein Herz gewinnt, sobald es sich sozusagen personifiziert,
werden in der von diesem Brennpunkt geschaffenen Atmosphäre die An-
ziehungstendenzen der Elemente die Möglichkeit finden, sich zu entfal-
ten." [306] Dies lässt sich bildhaft-anschaulich verdeutlichen dank
der heutigen foto-technischen Möglichkeiten, Riesen-Plakate zu
erstellen, die eine bedeutende Persönlichkeit im Bild präsen-
tieren, das zusammengesetzt ist aus vielen Einzel-Passfotos anderer Personen - wie bei einem Puzzle!

Teilhards „Credo" greift interdisziplinär durch und bezieht sämtliche Wissensgebiete menschlichen Forschens mit ein, im Drei-
Klang „Evolution – Revolution – Involution", nach innen wie
nach außen gerichtet.... Indirekt wird er darin unterstützt von

Nikolaus Monzel [307]. In seinem Traktat „Der Jünger Christi und die Theologie" hat dieser Untersuchungen angestellt „*über Art und Ort des theologischen Denkens im System der Wissenschaften*" [308]; u.a. führt er aus: „*In der vom politischen Atheismus in ihren inneren und äußeren Existenzgrundlagen bedrohten westlichen Welt erfreut sich heute die Theologie einer bemerkenswerten Sympathie... Fasst man aber die Sachlage ein wenig näher ins Auge, so erkennt man bald, dass es mit dem Ansehen der Theologie doch recht seltsam bestellt ist... der Anspruch der Theologie, als echte Wissenschaft einen Platz im Gesamt-Zusammenhang der modernen Wissenschafts-Gestaltung einzunehmen, gilt doch sehr vielen, die dem eigentlich Christlichen mehr oder weniger entfremdet sind, als sehr fragwürdig oder als gar nicht zu begründen...*"*

Da ein System in aller Regel als „festgezurrt" (und folglich als „starr") erachtet wird, erscheint ein „System der Wissenschaften" selbst als „fixes Gebäude", in dem man zwar interdisziplinär die Etagen und Treppen abklappern kann, aber letztlich doch ein „Gefangener des Systems" bleibt? Dagegen erscheint ein „'*Organismus der Wissenschaften*' als sinnvolles Ziel*" regelrecht befreiend, weil er „*die Möglichkeit eines wissenschaftlichen Gesamtumrisses alles Seienden*" voraussetzt [309] und als lohnendes Unterfangen die menschlichen Kräfte mobilisiert. In einer immer mehr vernetzten Technik-Welt würden so Arbeitsplätze neu geschaffen, die Platz machen für wissenschaftliche Forschung? (Wobei dem Spiel eine erheblich größere Bedeutung zukäme als Mittel zu Erkenntnis-Findungen als bislang angenommen?)

In diesem Sinne darf für ein System der Wissenschaften — nach unten hin — gelten: „Die einzige Grenze des Endlichen ist DAS Un-Endliche..." Dagegen postuliert ein Organismus der Wissenschaften – nach oben hin – die Formel: „Die einzige Grenze des Endlichen ist DER Un-Endliche"… Diese Optik unterscheidet die Geister? Es versteht sich daher von selbst, dass eine solche „Unter-Scheidung" ganz erhebliche Konsequenzen hat für die praktische Lebens-Gestaltung der Einzelnen wie der Gesell-schaft, letztlich der ganzen Menschheit – rund um den Globus -, worauf Harry von Dumbledore behutsam, aber deutlich hinge-wiesen wird… (cf. „Noosphäre" als Begriff Teilhards!)

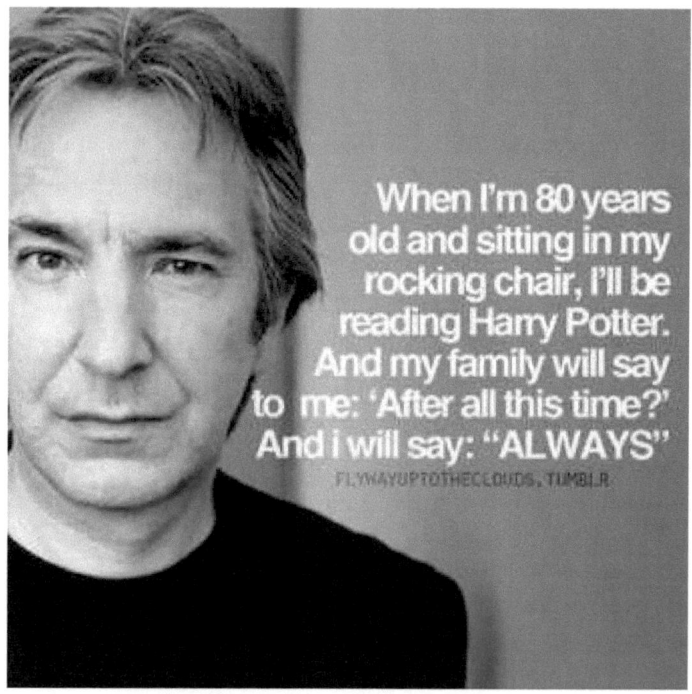

Alan Rickman [1946 - 2016] via *„twitter"*

NACHWORT.

„Historiker verfälschen die
Vergangenheit, Ideologen
die Zukunft."

Zarko Petan [310]

Als Joanne Rowling das „Projekt Harry Potter" vor ihrem
inneren Auge präsentiert bekam, befand sie sich auf einer Reise
mit dem Zug nach Londons Kopf-Bahnhof „Kings Cross" [311]. Da
unterwegs ein unvorhergesehener Zug-Stopp auf freier Strecke
von etwa vier Stunden Dauer währte, hatte sie Zeit genug, ihrem
Kopf „freie Fahrt" durch eine imaginäre Phantasie-Welt zu ge-
statten. Was sie dabei „erschaute", hätte sie gerne sofort an Ort
und Stelle aufgeschrieben – doch sie hatte nichts dabei! Erst
zuhause konnte sie das Gesichtete skizzieren – gepackt von einem
ganz eigenen „mysteriös-religiösen Eros" (was Pietro Ciaccio
dazu animierte, sein Buch im Italienischen als „Il vangelo secondo
Harry Potter"/"Evangelium nach Harry Potter" - deutsch „Harry
Potter trifft Gott…" - vorzustellen).

In dem bereits erwähnten filmischen Interview berichtet James
Runcie auch, dass Joanne im Alter von 11 Jahren in der „Sankt
Lukas"-Kirche ihres damaligen Wohnortes getauft wurde (das
Alter ist bezeichnend, denn mit 11 Jahren startet auch Harry in
die Schulwelt von „Hogwarts"). Zusammen mit ihrer Schwester
Dianne nutzte sie ihre Freizeit, um – für ein Pfund! – die Putz-

arbeiten in dieser Kirche zu erledigen. *„Sie war die einzige, die damals regelmäßig in die Kirche ging.“* Auf Runcies Frage, ob sie denn an Gott glaube, antwortete sie mit einem klaren „Ja“ – *„zumindest bemühe ich mich“*. Auch die Frage bezüglich Weiterleben nach dem Tod wurde positiv erwidert. Bei der Aufzählung von Tugenden und Schwächen hob sie hervor, dass sie Mut besonders schätze, wohingegen sie für Bigotterie (Frömmelei) nichts übrig habe (wohl eine „portugiesische Reminiszenz“?). Bezeichnend: sie sei leicht aufbrausend (wie Harry) – weshalb sie an ihren Freunden vor allem deren Toleranz mag. Und sie ist zäh und ausdauernd (was ja der Zeitraum von 17 Jahren belegt, den sie für die Niederschrift ihrer sieben Romane benötigte!) [312]

„Wie hat sie das alles geschafft – woher alle diese Ideen – woher der weltweite Erfolg ihrer Bücher und der Filme?“ fragte sich J. Runcie damals als „brennend motivierter“ Interviewer. Denn 1997 wurde das erste Buch der Potter-Reihe mit anfangs 500 Exemplaren auf den Markt gebracht; und nun, zwanzig Jahre später, sind inzwischen mehr als 450 Millionen ihrer Bücher, die in 77 Sprachen übersetzt weltweit verkauft wurden!

Was allerdings stutzig macht, ist eine Grund-Einsicht im Leben: Wahrheit als solche lässt sich nur schwer „verkaufen“ (vor allem nicht mit Riesengewinnen); dafür eignen sich für gewöhnlich nur zentral-menschliche Themen, „in überhöhter Manier“ präsentiert. Nachdenklich macht auch die ausgefeilte „HP“-Marketing-Strategie, die sich offenbar noch immer nicht „totgelaufen“ hat, wie die jüngsten medialen Geschäftigkeiten zeigen. Und wer sich damit befasst, wird leicht als „Trittbrettfahrer“ verdächtigt! Doch nach immerhin zwanzig Jahren sollten aufmerksame Kritiker und Kommentatoren sich nicht dadurch einschüchtern lassen! Der Respekt vor J.K. Rowlings Höchstleistung als Autorin bleibt ihr unbenommen – ob dies auch den Marketing-Strategen eignet, sei dahingestellt. Die Einschätzung ihrer „HP-Saga" als Kriminalroman-Gattung führt auch zu G.K. Chesterton: der lässt seinen fiktiven „Father Brown" auf die Vorhaltungen des Bischofs, er vermische auf unzulässige Art und Weise Polizeiarbeit mit priesterlichem Dienst, erwidern, dass ihn von Jugend an eigentlich nur zwei Gattungen der Literatur anzögen: Heiligenleben und Kriminalromane - weshalb er auch keinen Widerspruch erkennen könne in der Verknüpfung detektivischer und seelsorgerlicher Interessen. Was John Henry Newman [313] so „auf einen Nenner brachte": Wer meine, dass der Gottesdienst nur in der Kirche zuhause sei, brauche eigentlich gar nicht in die Kirche zu gehen. (Den meisten Kirchgängern ist nicht bewusst, dass „Kirche" das gesamte Alltags-Leben erfasst und auf organische Weise durchdringt – sofern man sich ihrer als P e r s o n im Sinne Jesu annähert…) J.K. Rowling hat eigentlich genau diese „Optik" – wenn auch in säkularem Gewand: „crime and love" - eingeholt. Als es darum geht, den gesuchten „Erben von Slytherin" herauszufinden, lässt sie Draco Malfoy spötteln: „Saint Potter!!!" („Heiliger Potter"!) …

Letztlich ist auch Schule nichts anderes als ein „religiöses Milieu", um Kinder und Jugendliche möglichst früh an die „Glaubens-Lehre" der Erwachsenen heran zu führen?! Hogwarts spiegelt dies wider (als Gebäude mittelalterliche Klosterschulen erinnernd!) – auch ohne den traditionellen „Religionsunterricht"…

Folgt man Newmans Spuren, müsste man sich angesichts solcher „Ent-Grenzung" der fundamentalen Einsicht stellen, dass Gott nirgendwohin gebracht werden muss – Er ist uns immer schon voraus, vor uns da – meist verborgen, ob gewusst oder nicht?! (Motto: „Entweder ist alles religiös oder gar nichts...") Genau das macht den „Reiz" der Aus-Einander-Setzung mit Rowlings Werk aus!? „Wenn der Dampf (Qualm) sich verflüchtigt hat, sieht man klarer..."

Die Kritikerin Gabriele Kuby wirft J.K. Rowling vor, diese habe Magie wieder „hoffähig" gemacht - und damit dem Bösen Tür und Tor geöffnet. Dabei stützt sie sich auf den damaligen Präfekten der vatikanischen Glaubens-Kongregation Joseph Kardinal Ratzinger – heute der emeritierte Papst Benedikt XVI.. Nur: Das Buch „Hiob" als Spiegel relativiert deren Kritik...

Knobloch berichtet: *„Joanne K. Rowling selbst hat sich in Interviews zur Frage der Magie in ihren Büchern geäußert. Dem Guardian gegenüber äußerte sie, dass ‚new ageism' sie völlig kalt lasse.*[22] *Und natürlich glaubt sie nicht an Magie in der Art, die sie in ihren Büchern beschrieben hat.*[23]" [314] *„ Auf die Frage eines Fans, ob sie an Hexerei glaube und ob sie jemals gehext habe, antwortete sie denn auch ganz klar, kurz und schmerzlos: ‚Nein.*[24]" [315] Was verblüfft: es „erklärt" nicht ihre eigene Zähigkeit, eine solche „Materie" über einen derart langen Zeitraum durchzuarbeiten und veröffentlichen zu lassen! Da Magie der Bibel bekannt ist, kann man sie nicht „auf Seite kehren"! Die Unterscheidungen zwischen „weißer" und „schwarzer" Magie sind allerdings im „Hogwarts-Evangelium" deutlich: danach gilt „weiß" als „gut", und „schwarz" als „böse"...

Will man Rowling gerecht werden, so kann durchaus gesagt werden, es sei ihr gelungen, auf märchenhaft anmutende Weise die Existenz der Unsichtbaren wieder erinnert und voll zur Geltung gebracht zu haben – dafür stehen die „Zauberstäbe"! Was dabei primär auffällt: Nicht die Materie „Magie" hatte sie „voll erwischt", sondern eine P e r s o n : *„Ich konnte Harry ganz deutlich vor mir sehen, ein dürrer, kleiner Junge, und eine unglaubliche Aufregung kam über mich. Ich hatte noch nie eine Idee gehabt, die mich körperlich dermaßen aufrüttelte..., ich... saß einfach da und dachte nach..., und so schossen mir vier Stunden lang alle diese Ideen durch den Kopf... Es gibt keine Worte, mit denen ich diese Aufregung jemandem schildern kann, der keine Bücher schreibt. Es entspricht wohl am ehesten dem beschwingten Gefühl, das man empfindet, wenn man gerade jemanden getroffen hat, in den man sich verlieben würde... Es war diese Art von Euphorie und Hochgefühl und Aufregung..."* [316]

Da man sich so eine Stimmung nicht selber „besorgen" kann, ist diese das Sigel der Echtheit für ein G e s c h e n k , das sie als Autorin „von Unbekannt empfangen" hatte (sie bezeichnete später die Saga als ihr „Baby"). „Der Zauberstab sucht sich den Zauberer" – diese „bezaubernde Imagination" widerfuhr JKR...

Quer-gelesen kann man ihre euphorische Verfassung vergleichen mit der Freude, welche die drei Magier beim Auffinden des Kindes zu Bethlehem empfanden; ähnlich erging es den beiden Emmaus-Jüngern. Man muss selbst erlebt haben, um zu verstehen, wovon Rowling da spricht; diese Art von „Heim-Suchung" wirkt sich als große Dankbarkeit aus, daran erinnernd, dass man *„gerade jemanden Großartigen getroffen hatte"*, der einen fasziniert und innerlich nicht mehr loslässt, auch wenn dieser längst entschwunden ist [317]. Deshalb hebt sie gegenüber James Runcie hervor, dass es ihr in diesen Büchern um die Darstellung *„der erlösenden Macht der Liebe"* geht, *„welche die stärkste Macht überhaupt ist"*. Womit ihre Geistes-Kraft vorrangig die „Materialität des Schreibens" bestimmt. Ihre Leser verspüren dieses, fasziniert via „Erotisierung" ihrer eigenen Neugier und Wiss-Begierde? Ist solcher Liebes-Aus- bzw. Ein-Fluss nicht auch: „Magie"? (Lesen ist etwas Anderes als Hören und Sehen...) Die Infiltration verborgener Kräfte in Wort und Bild „betört"? Karin Nitzsch-manns Befremden über Rowlings Saga hat auch damit zu tun, dass nach 1945 viele sich nicht die Wirkung des „NS-Getöses" er-klären konnten, das damals „verströmt" wurde... Sirius Black bringt Harry einige Beispiele für den verheerenden Einfluss Voldemorts. Dumbledore ergänzt, dass es nicht unsere Begab-ungen seien, die darüber Auskunft gäben, wer wir sind – nein, es seien vielmehr unsere Entscheidungen! („Kein guter Baum trägt schlechte Frucht und kein schlechter Baum bringt gute Frucht!") Gertrud von Le Fort bezeichnet daher die 12 Jahre des „Dritten Reiches" als „Überschwemmung durch Fluten von an-deren Ufern" – „an ihren Früchten zu erkennen"...

Die Apokalypse lehrt, dass in der darin vorgestellten End-Zeit der Magie „Tür und Tor geöffnet" sind – eben dies gilt es zu er-innern; dort werden u.a. auch Gestalten erwähnt, welche der Partei des Guten zugehören, aber gleichsam mit Mitteln der Magie Aufmerksamkeit erregen, indem sie Wunder vollbringen: es sind dies die *„Ölbäume und die beiden Leuchter, die vor dem Herrn der Erde stehen"*, Gegner des *„Tier, das aus dem Abgrund heraufsteigt"* samt dessen Anhängerschaft[318]...

Nur am Rande sei vermerkt: Der „Herr der Erde" ist nicht der „Herr der Welt"! (Harry und Voldemort) ...

Und J.K. Rowling frohlockt: *„Ich habe eine neue Generation ein-geführt..."*[319]. Ihre Ermutigung lautet: an das Gute im Menschen zu glauben und menschlich zu bleiben bei dem Bemühen, *„eine bessere Welt aufzubauen"*. (Nur: Welche Richtung ist hier „vor-gegeben" bei dieser Art von „Welt-An-Schau-ung"?) Da sie unterwegs während der Zug-Reise (wie auf unbekannter Pilger-Fahrt) vom „boy Harry Potter" heim-gesucht worden war, hat die empfangene Imagination ihr höchst-persönlich eine Würde geschenkt, die sie hernach als Autorin „aus-strahlen" durfte. Was auch verdeutlicht: Wo immer es um die P e r s o n geht, kann deren Würde wohl durch Gesetze oder/und Rechte „gesichert" werden; doch sie ist und bleibt fundamental ein G e s c h e n k von Anfang an!

Und was am Anfang da ist, meint auch das Ziel mit, im Sinne einer „Passage", eines Durch-Gangs (darauf deutet die Radierung des Wiener Malers Ernst Fuchs im Zeichen des Fischernetzes hin – s. Cover-Rückseite), was Teilhard bekräftigt:

„Keine Überlegung vermöchte uns mit Recht zu entscheiden, den geringsten Schritt voran zu tun, wenn wir nicht wissen, dass der aufsteigende Weg **zu irgendeinem Gipfel führt, von dem das Leben nicht wieder herabsteigen wird.** *Der einzige mögliche Motor des reflektierten Lebens ist also ein absoluter, das heißt göttlicher Zielpunkt. Die Religion kann ein Opium werden. Sie wird allzu häufig als eine einfache Linderung unserer Mühsal begriffen.* **Ihre wirkliche**

Funktion ist, die Fortschritte des Lebens zu tragen und anzustacheln." [320] Dies geschieht aus biblisch-theologischer Sicht in freier Entscheidung, die durch „Not-Wendigkeiten" herausgefordert sein kann. Positiv spricht Sich der Schöpfer also in Seinen Geschöpfen mit aus – was biblisch-theologisch die einzigartige Garantie für die Würde des Menschen ist. Ohne Ihn herrscht Zwanghaftigkeit: denn *„Magie und Macht haben dieselbe Wurzel... Der gemeinsame Wunsch dahinter: Dinge unter Kontrolle zu bringen, die uns bedrohlich erscheinen, weil wir sie nicht verstehen.*" [321]

Das also macht den großen Unterschied aus: Liebe kontrolliert nicht, sondern führt, ermutigt und begleitet – durch das „Königs-Kreuz" hindurch hin zum „Fischer-Netz" und weiter Richtung „Punkt Omega". Denn „unser Gott ist ein Gott, der wacht. Und nicht ein Gott, der überwacht. Man überwacht im Namen des Gesetzes. Man wacht im Namen der Zärtlichkeit." (J. Leclercq) Dumbledore erinnert seinem Schüler („follower"): „Bedauere nicht die Toten, sondern die Lebenden und vor allem jene, die ohne Liebe leben"...

„Die größte Gefahr, über die die Menschheit in Schrecken geraten könnte, ist nicht irgendeine Katastrophe..., sondern eine innere Krankheit – die schrecklichste, weil am unmittelbarsten menschliche aller Geißeln: der Verlust an Lebensfreude. Ohne Lebensfreude, ohne das Feuer der Seele gibt es kein kraftvolles religiöses Leben, sondern nur Schlaffheit und Mittelmäßigkeit."

Pierre Teilhard de Chardin

ANMERKUNGEN.

1 TdCh 1, S. 47 (Marguerite [1880-1959] war eine Cousine von Pierre).

2 HP 1, S. 227 (cf. 1Kor 13,12).

3 „Ein Jahr im Leben der J.K. Rowling" (arte HD – cf. „A Year in The Life from J.K. Rowling" [2006-2007] via YouTube; auch in der "Ultimate Edition" - Jahr 6 als „Special"-DVD der „Warner Brothers").

4 Sohn des Robert Runcie [*1959] (Erzbischof von Canterbury und Primas der Anglikanischen Kirche [1921-2000], Lord, und der Lady Rosalind Runcie [1932-2012], Baroness.

5 Dipl.-Päd., Dipl.-Psych., Dr.phil. (Bremen).

6 cf. Lit.-Hinweise.

7 „Zur Bearbeitung dieser Thematik habe ich mich erst nach einem längeren Prozess durchringen können, da ich zunächst ziemlich *sprachlos* war, in *so* unverhüllter Weise Bildern des Nationalsozialismus zu begegnen… Die deutsche Vergangenheit wird von der Romanaurorin" [sic!] „nicht namentlich benannt, dieser *Verführung* erliegen jedoch die Rezipienten." (S. 12).

8 Möglicherweise ist den Lektoren bei der Sichtung des Manuskripts entgangen, dass hier eine „Freud'sche Fehlleistung" vorliegt? Denn die Auroren sind bei Rowling Repräsentanten einer Art „Geheim-Polizei" oder „Sicherheitsdienst"; gemeint ist wohl „Autorin"! (cf. Dolores Umbridge als „Großinquisitorin").

9 in: „Die Zauberwelt der J.K. Rowling…" (S. 60 ff).

10 Zu Intuition-Imagination-Illusion cf. WIKIPEDIA-Erläuterungen. J.K. Rowling: „Very Good Lives – The Fringe Benefits of Faiture and the Importance of Imagination" (London 2015).

11 So kann z.B. „Preis-Gabe" bedeuten den Preis, der für eine Gabe zu bezahlen ist, aber auch den Verlust bisherigen Eigentums.

12   cf. Josef Goldbrunner [1910-2003]: „Individuation" (vgl. dazu den Artikel „Gesundheit und Heiligkeit", in „ORIENTIERUNG" – Nr. 9/1952 – S. 97 ff).

13   cf. Martin Bamert: „Magie – Maga – Makha: Über die Verwendung des Magie-Begriffs in ausgewählten religionswissenschaftlichen Standardwerken" (Leipzig, WS 2006/07); cf. HP 7, S. 230 ff.

14   Lebendig und sehend werden beide nur in der „Gegen-Wart"...

15   ... sofern man wörtlich „religiös" als „rückgebunden" versteht.

16   Kultur ist als „Kleid von Religion" Ausdruck des Inhalts in weltlich zugewandter „Interpretation".

17   cf. Kapitel II.

18   ... wie z.B. die Schloß-Schule „Salem" am Bodensee.

19   cf. Apk 1,8 (Anfangs- und Endbuchstabe des griech. Alphabets).

20   2015 begingen die Vereinten Nationen das „Internationale Jahr des Lichts" unter dem Titel „Light for Change – Licht für Wandel". Die deutsche Unesco-Kommission (eV) vermerkte: „*Das Jahr soll an die Bedeutung von Licht als elementare Lebensvoraussetzung für Menschen, Tiere und Pflanzen und daher auch als zentraler Bestandteil von Wissenschaft und Kultur erinnern. Wissenschaftliche Erkenntnisse über Licht erlauben ein besseres Verständnis des Kosmos, führen zu besseren Behandlungsmöglichkeiten in der Medizin und zu neuen Kommunikationsmitteln".*

21   cf. DVD-Edition der „Warner Brothers Entertainment Inc.".

22   Daniel Jacob Radcliffe Gresham [*1989].

23   in „SPIEGEL ONLINE" (28.10.2014) findet sich zu Daniel Radcliffe und Emma Watson ein Beitrag mit dem Titel „Wir Sexsymbole"...

24   Michelangelo Buonarroti [1475-1564].

25   Im Hebräischen sind in der Einzahl „arom"/"arum" („weise" bzw. „nackt") als Mehrzahl eins: „aramim" („weise und nackt").

26   Hildegard von Bingen [1098-1179].

27   Pierre Teilhard de Chardin SJ [1881-1955].

28   cf. „Sci Vias" – „Wisse die Wege"; „Heilkunde".

29   „Opus Spiritus Sancti viriditas est" – „Das Werk des Heiligen Geistes ist die Grünkraft".

30 HP 1, S. 93.

31 Papstpredigt: Maria und der Weg Gottes mit uns (Radio Vatikan am 08.09.2014).

32 Albert Einstein [1879-1955].

33 – wie es die Alchimisten verstanden dank der Einheit der Natur.

34 – ein zentraler Begriff Teilhards: es ist die Kraft, die alles zusammenhält und -führt („die Vereinigung differenziert“).

35 … wie unseren Verstand – doch den sehen wir nicht…

36 BB, S. XVI.

37 cf. Lit.-Hinweise.

38 J. Knobloch hat in seinem Buch „Die Zauberwelt der J.K. Rowling“ diese Urkunde des Deutschen Patent-Amtes München abgelichtet (S. 63 – Reg.-Nr. 300112566); letzter Stand hier zum 13.10.2014.

39 cf. „pottermore.com“ als eigenes Netzwerk für Potter-Fans…

40 J. Knobloch befasst sich u.a. auch mit den psychosoziologischen Bedingungen der „Pottermania“ weltweit (s. Anm. 40 / S. 54 f) als Phänomen (S. 48).

41 – der auch „Azoth“ genannt wird.

42 zu Nicolas Flamel [um 1330-1413/18] auch HP 1, S. 212.

43 HP 1, S. 239 f.

44 Apk 13,18.

45 HP 1, S. 317.

46 HP 1, S. 226 f.

47 „Der Preis für ein Grundstück ist dein Geld. Der Preis für eine Perle ist dein Gold. Der Preis für die Liebe bist du selbst.“ (Augustinus)

48 HP 1, S. 233.

49 HP 1, S. 322.

50 HP 1, S. 320.

51 HP 1, S. 324.

52 „Wer einst den Blitz zu zünden hat, muss lange Wolke sein.“ (Fr.W. Nietzsche [1844-1900]).

53 – der ägyptisch-hellenistischen Mythologie entlehnt.

54 – ein freudianischer Begriff.

55 Der „Phönix" ist ein mythologisches Wesen als Vogel: er macht den Prozess des Werdens und Vergehens immer von neuem mit und ersteht aus seiner eigenen Asche. Seine Tränen haben heilende Kraft.

56 HP 2, S. 3128 ff.

57 HP 2, S. 322; 325.

58 HP 2, S. 325.

59 HP 2, S. 331 f.

60 HP 2, S. 345 f.

61 HP 2, S. 347 f.

62 HP 2, S. 343.

63 – so Claire Boothe Luce [1903-1987].

64 Albino Luciani, der spätere Papst Johannes Paul I. [1912-1978], in: „Ihr ergebener …", S. 44.

65 Albert Einstein [1879-1955] mit seiner „Weltformel": $E = m^{\circ}x\ c^2$ bzw. $m^{\circ} = E : c^2$.

66 – frei übertragen: „Ich erwarte den Schutzherrn (Patron)". Etwas weiter greift die spekulative lateinische Kombination „ ex pecto (ex pectore) patronum": der Atem-Bereich ist als „Ort" des Entstehens jenes Fluidums verstehbar, das hernach in Tiergestalt wie eine lichte Wolke plasmatisch erscheint. Im Wort „patronus" steckt auch „pater" – „Vater". Der Patronus-Zauber ist ein energetisches Schutz-Geist-Wirken, welches die Dementoren in die Flucht jagt - sie „ernähren" sich nicht davon!

67 Tier-Bilder werden in der Traum-Deutung als Manifestationen der menschlichen Triebkräfte gedeutet, die im Unbewussten agieren und im Traum aus dem „Unter-Bewusstsein" auftauchen im Sinne der Bewusstmachung von Konflikten bzw. deren Aufarbeitung.

68 HP 3, S. 199; 201.

69 in: „Harry Potter und ich – J. K. Rowling" (Dokumentation auf arte HD zum 25.05.2012; cf. auch auf YouTube).

70 – dieser „zehrt" sämtliche Elixiere von Severus Snape auf, um als Doppelgänger „in Form zu bleiben"…

71 – was den Gral erinnert mitsamt dem Schwert „Excalibur": eine lateinische Ausdeutung dieses Namens ist „ex calice robur" - „aus dem Kelch (kommt) die Kraft/Stärke".

72 HP 4, S. 665 ff.

73 HP 4, S. 672.

74 HP 4, S. 728.

75 HP 4, S. 693 f.

76 HP 4, S. 699.

77 HP 4, S. 728 – was Harrys Eltern ihm erst auf dem Grabstein des Friedhofs – quasi als „Wiegenlied" – bewusst machen (frei übertragen: „… dem Früheren eingesungen").

78 – so Gertrud von Le Fort.

79 s. Anm. 3.

80 s. Anm. 69.

81 HP 4, S. 118 f. – Der Seher „Nostradamus" [1503-1566] kann als Beispiel herangezogen werden im Sinne von Sirius Black: der frz. Name lautet „Michel de Nostredame" und wäre im deutschen als „Michael von Unserer (Lieben) Frau/Dame" zu übersetzen; damit wird auch die Pariser Kathedrale „Notre Dame" auf der Seine-Insel erinnert, die der Mutter-Gottes – Maria – geweiht ist. Nimmt man den voll latinisierten Namen „Michael Nostradamus" auseinander, so ergibt sich diese deutsche Übertragung: „'Wer-ist-wie-Gott?' ‚Wir-haben-das-Unsere-gegeben'" – ein schillernder Hinweis auf die Quellen seiner Eingebungen bzw. Visionen? Die „Unseren" sind „Unsichtbare"…

82 – was mit „Parzival" („Perceval", „Parsifal") bedeutet wird als „Tal-Durchquerer".

83 – vergleichbar der römischen „Rota" im Vatikan.

84 „pottermore.com" I-III erweckt den Eindruck, als sei hier analog zu „DA" von J.K. Rowling (als „Hermine") zu „Hogwarts" eine neue „Heerschar" organisierbar (über die vier Häuser)?

85 HP 5, S. 912 ff.

86 HP 5, S. 922.

87 HP 5, S. 990 f.

88 HP 6, S. 80 f.

89 HP 6, S. 363 ff.

90 HP 6, S. 374 f.

91 „Glücklicher des Glücks" („vom Glück Begünstigter").

92 – der Mörder mordet anteilig sich selbst und verliert die Ganzheit seines Bewusstseins…

93 HP 6, S. 507 (hier bleibt noch unbekannt, dass Harry selbst ein Horkrux ist).

94 HP 6, S. 600 f.

95 HP 6, S. 655.

96 z.B. der Schrein der „Heiligen Drei Könige" im Kölner Dom.

97 cf. BB, S. 87 ff; 93 (zu HP 7, S. 137 ff mit 235 ff); 722.

98 HP 7, S. 131 ff.

99 HP 7, S. 728.

100 HP 7, S. 730.

101 HP 7, S. 731.

102 HP 7, S. 751 f.

103 HP 7, S. 757.

104 HP 7, S. 767.

105 cf. Bruno Schüller [1925-2007]: „Gesetz und Freiheit".

106 HP 7, S. 731.

107 Wernher von Braun [1912-1977]

108 Im angesehenen evangelischen „Sonntagsblatt" wird bemerkt: *„Die Bibel ist ein Buch voller Magie: Mose ist ein Zauberer (man denke nur an seinen Zauberstab, der sich in eine Schlange verwandeln kann und der das Wasser des Roten Meeres zerteilt). Oder: Die ‚Magier' (so heißen sie wörtlich) aus dem Osten finden aufgrund astrologischer Berechnungen das Kind von Bethlehem. Die Kirche hat später aus ihnen Könige gemacht – vielleicht, weil sie von Königtum und Herrschaft inzwischen mehr verstand, als vom Zauber des Übersinnlichen."* (in: J. Knobloch – „Die Zauberwelt der J.K. Rowling…" / S. 101.)

109 Friedrich Spee von Langenfeld [1591-1635] liegt in der Trierer Jesuitenkirche begraben. Die Stadt Trier hat zur Erinnerung an die damals Verfolgten 2015 eine eigene Gedenktafel gestiftet (in der Nähe der „Porta Nigra" zu finden).

110 „*Etwa zur gleichen Zeit wie Johann Matthäus Meyfarts* Christliche Erinnerung *im Luthertum und 30 Jahre nach dem* 'Gründlichen Bericht von
Zauberey und Zauberern' *von Anton Praetorius veröffentlichte Spee im
Mai 1631* **Cautio Criminalis**, *eine Schrift, die im katholischen Bereich
erste Einwendungen gegen Folter und Hexenglaube vortrug... Schon die Bezeichnung* Cautio — Vorsicht *könnte den Verfasser (sowie Drucker und
Verleger) in Verdacht bringen, Hexen in Schutz zu nehmen und so die Partei
des Satans zu stärken. Darum könnte Spee seine Schrift nur anonym erscheinen lassen.*" (cf. Wikipedia)

111 Anna Spee von Langenfeld, eine Tante Friedrichs, wurde am
20.09.1631 als „Hexe von Bruchhausen" hingerichtet.

112 cf. „Trutz Nachtigal – oder geistlich-poetisches Lust-Waldlein".

113 „*Die Vielseitigkeit seines Schaffens, zu dessen Höhepunkten neben den
berühmten Einzelplastiken unter anderem die Medici-Kapelle, das Julius-
Grabmal, die Decke und das* 'Jüngste Gericht' *in der Sixtina gehören, ist ein
beredtes Zeugnis seiner Auffassung, nach der Malerei, Bildhauerkunst und
Architektur ein Ganzes und der* 'einzige Schlüssel' *zur Welt sind.*" ((*cf. Lit.-
Verz. Michelangelo... - aus dem Einführungstext des Buchumschlags auf
der Innenseitenklappe*). Dazu auch Radio Vatikan am 19.11.2014:
„*Einen Blick an die Decke der Sixtinischen Kapelle vom Kinositz aus bieten
seit Dienstag rund 250 Filmtheater in Großbritannien und Irland. Ein 70-
minütiger 3-D-Film mit modernster Projektionstechnik biete einen atembe-
raubenden Rundgang durch die Vatikanischen Museen und die wichtigsten
Kunstwerke des päpstlichen Staates, berichtete die Tageszeitung* 'Daily
Telegraph'. *Der Film des italienischen Regisseurs Marco Pianigiani besticht
demnach durch spektakuläre Kamerafahrten durch insgesamt 54 vatikan-
ische Galerien und Säle.*"

114 Das griech. Wort „homoios" bedeutet „gleich". Im Lateinischen
wird mit „homo" der „Mensch/Mann" bezeichnet. Über Adam und
Eva leitet sich die Gleichheit des Mensch-Seins ab (hebr. „isch" und
„ischa" – „Mann" und „Männin"). So bedeutet „Homo-Sexualität"
neutral „Menschen-/Mannes-Geschlechtlichkeit". Dass so körper-
liche Zuwendung von Gleichgeschlechtlichen gemeint sein kann,

findet in der Bibel ein „Parade-Beispiel" mit der Beziehung zwischen Jonathan, dem Sohn des ersten Königs von Israel – Saul -, und David (cf. 1 Sam 19, ff): *„Dann schwur Jonathan dem David nochmals, denn er liebte ihn ganz herzlich...*" (1 Sam 20,17; 30 ff). Wegen dieser Liebe verspottet der König sogar seinen eigenen Sohn!

115 Gen 1,26.

116 Gen 1,27.

117 Gen 2,18 ff. (In vielen Sprachen wird die Gleichung/Unterscheidung von „isch"/"ischa" – „Mann"/"Männin" übernommen, so z.B. im Slawischen: „Gorbatschow"/"Gorbatschowa" – oder auch im Alpenländischen: „Pfeifer"/"Pfeiferin".)

118 Mt 6,25-33; Lk 12,22 ff (Leib als Kleid der Geist-Seele).

119 Gertrud von Le Fort [1876-1971] bezeichnet den Augenblick als jenen Schnittpunkt der Gegenwart, worin uns die Ewigkeit Gottes berührt und verwandelt, und darin Dauer verleiht.

120 Weish 7,26 f. – im Unterschied zum Spiegel „Nerhegeb"...

121 Gen 2,7.

122 Gen, 2,22 ff.

123 – Mensch-Werdung als Prozess (so Pierre Teilhard de Chardin und Hildegard von Bingen).

124 – davon sind alle „Teilchen" aufsteigend mit betroffen (wie Elektronen, Atome, Moleküle usw.).

125 So kann man sagen, dass unsichtbar für das Außen alle Nervenzellen zusammenarbeiten via Gehirn-Zentrale im Inneren dank einer Art „Wechselstrom"; wird der Vorgang nach außen hin „übersetzt", ist das Geschehen selbst erkennbar und „nachvollziehbar".

126 cf. J. Goldbrunner: „Individuation".

127 – was einer Trance ähnelt.

128 In tantrischen Schriften wird unter „Kundralini" eine ätherische Strömung vorgestellt als „Schlangenkraft", die vom Steißbein her aufsteigend die ganze Wirbelsäule durchzieht und sodann im Körper „abregnet" (eine Yoga-Übung ist danach benannt).

129 Ps 1,3.

130 „*Was der Saft im Baum ist, das ist die Seele im Körper, und ihre Kräfte entfaltet sie wie der Baum seine Gestalt. Die Erkenntnis* (intellectus) *gleicht
dem Grün der Zweige und Blätter, der Wille* (voluntas) *den Blüten, das
Gemüt* (animus) *ist wie die zuerst hervorbrechende, die Vernunft* (ratio) *wie
die voll ausgereifte Frucht. Der Sinn* (sensus) *endlich gleicht der Ausdehn-
ung des Baumes in Höhe und Breite. So ist die Seele der innere Halt und
die Trägerin des Lebens.*" (HvB 1 / S.12)

131 Gen 2,9; 17 und 3,22.

132 Gen 3,1.

133 s. Anm. 105.

134 Gen 3,4 f.

135 Dem lat. „lucifer" entspricht griech. „Phosphor" – „Lichtbringer"
bzw. „Lichtträger": in der Chemie wird damit ein hoch entzünd-
liches, verschiedenfarbiges Element bezeichnet.

136 s. Anm. 128.

137 cf. Gen 3,14 ff.

138 Gen 3,15.

139 cf. HP 7, S. 732 ff („Unterhaltung" zw. Harry und Voldemort).

140 Gen 28,10 ff.

141 cf. das Signet von den Drei Brüdern.

142 cf. die Doppelgänger-Thematik Rowlings (Quirrel<>Voldemort,
Crounch jun.>< Mad-Eye-Moody).

143 Röm 8,19-21.

144 Gen 6,1-4.

145 cf. „Welt der Engel" (Hildegard von Bingen).

146 Mit dieser Thematik hat sich C.S. Lewis [1898-1963] intensiv befasst (cf. seine Roman-Trilogie „Perelandra"). Der Physiker Stephen
Hawking [1942-2018] vertritt die Meinung, es sei für die Menschheit „höchste Zeit", andere Planeten zu besiedeln; in 100 Jahren
könnte sie sonst in ihrer Existenz bedroht sein („Klimawandel,
Asteroiden-einschläge, Epidemien und Bevölkerungswachstum
könnten die Erde unbewohnbar" machen – so ein BBC-Bericht /
2017).

In ähnlicher Weise beschäftigt sich der Film „Avatar – Aufbruch nach Pandora" mit diesen Aussichten.

147 HvB 3, S. 33.

148 Als Beispiele gelten die drei Erzengel Michael, Gabriel und Raphael (letzterer macht mit dem Dämon „Asmodäus" kurzen Prozess). In biblisch-theologischer Sicht steht der Name für die Person-Mitte eines Gott verbundenen Geschöpfes ein, weshalb „Un-Personen" keinen solchen Namen (mehr) haben; sie werden als „Funktionäre" erwähnt – können sich wohl selbst Namen geben (wie etwa der Dämonen-Haufen in Lk 8,26 ff, der sich „Legion" nennt). Rowling thematisiert diesen Sachverhalt indirekt , wenn sie Voldemort als „Dunklen Lord – dessen Name nicht genannt werden darf"! – vorstellt.

149 Gen 32,23 ff.

150 Ex 1,8 ff.

151 Ex 2,2 ff.

152 Ex 2,14 ff.

153 Ex 3,1 ff.

154 Ex 3,6.

155 Martin Buber [1878-1965] überträgt: „Ich werde dasein als der ich dasein werde" – in: „Die fünf Bücher der Weisung" / S. 158.

156 Ex 3,14.

157 Ex 4,1 ff.

158 Gen 3,14.

159 Ex 7,12.

160 Ex 7,8 ff.

161 Ex 12,30 ff; 13; 17 ff; 14,1 ff.

162 Ex 17,1 ff.

163 Ex 17,1-7.

164 Ex 9,23 f.

165 *„El, eine der ältesten und verbreitetsten semitischen Bezeichnungen für Gott. El ist der Gott schlechthin, der durch die Vielheit der Götter (Elim) verehrt wird... Die Bedeutung des Namens El: etwa Starker, Führer, Gebieter,*

drückt die Distanz zwischen Gott und Mensch und das Erschauern des
Menschen vor der überragenden Größe der Gottheit aus..." (in:
„Praktisches Bibel-Lexikon" / S. 235).

166 cf. Sir 48,1-14. Was Elias an Wundersamem gewirkt hat, wird bei
Rowling mit Voldemort als bloße Eigenmächtigkeit vorgeführt...

167 Das deutsche Wort „Angst" ist als Fremdwort abgeleitet vom lat.
„angustia" / „angustus" („Engführung"/"Enge"/"eng"); Ur-Angst
wird erlebt im Geburtsvorgang, wo ein Kind durch die Enge des
Muttermundes gepresst und in die völlig neue Umwelt versetzt
wird - ein solches Geschehen sackt erinnerungsmäßig in das Unter-
Bewusste ab und verbleibt da als prägende „Er-Innerung"...

168 s. Anm. 165, S. 237 (i.V.m. Sir 48,1 ff).

169 cf. 1 Kg 17,7 (Mehl- und Öl-Vermehrungswunder) und 18,20 ff
(Opferfeuer-Wunder).

170 1 Kg 18,22.

171 1 Kg 18, 24.

172 1 Kg 18,39.

173 1 Kg 19,2 ff.

174 − Gott haucht dem Menschen Seinen Lebens-Odem ein.

175 cf. Gen 21,1 und das gesamte Buch „Hiob".

176 cf. Weish 1,13 f; 2,23 f (mit Ez 18,23 und Lk 15,7). „... und führe
uns nicht in Versuchung" (Mt 6,13 par).

177 cf. Dan 8,15-19; 9,21 ff; 10,11.

178 Dan 10,12 ff.

179 Tob 6,2 ff.

180 Tob 8,6.

181 Tob 8,2 f.

182 Tob 12,15 ff.

183 „Jeder Engel ist schrecklich", meinte Rainer Maria Rilke [1875-
1926]. Cf. Lk 1,11 ff (Zacharias und Gabriel), Lk 1,29 (Maria erschrak und sann nach...), Apk 1,17 (der Seher auf Patmos).

184 Dietrich Bonhoeffer [1906-1945].

185 cf. Gen 37,2 ff.

186 Mt 2,1 ff.

187 Mt 2,5 ff.

188 Mt 2,9-11.

189 Lk 2,1 ff.

190 cf. die Wirkkraft des „Patronus-Zaubers" (cf. HP 3, S. 256 ff).

191 Jesus bezieht sich in seinen „Seligpreisungen" nicht auf die materiell Armen, sondern auf die „Armen im Geiste": das sind jene, die ihr Dasein als von Gott verdankt wissen und alles von Ihm erhoffen in Bescheidenheit und Demut („Dien-muot" aus dem Altdeutschen!). Das ist auch die innere Achse des „Vaterunser"-Gebets (zu Mt 5, mit Lk 6,20 ff).

192 Mt 2,19 ff.

193 cf. Lk 2,19 ff.

194 Johannes Kuhn [*1924].

195 Lk 2,41-50.

196 Nach Dt 22,23-29 steht auf Brautstands-Bruch die Todesstrafe durch Steinigung! Das Erschrecken Mariens hat mit dem Ansinnen Gabriels zu tun; und, Joseph einen Schock zuzumuten. Wie soll sie hernach das Geschehnis erklären?! Offenbar konnte sie ihm nichts mitteilen; Joseph aber „war gerecht und wollte sie ihm Stillen entlassen" – was ihm die Ausstellung eines Scheidungsbriefes ersparte mit der Begründung „wegen Unzucht". Hätte er den gesetzlich möglichen Weg beschritten, wäre Maria öffentlich als Bloßgestellte „wie eine Dirne" erachtet worden. Wiederum durch Aufklärung im Traum nimmt er Maria zu sich, erspart ihr die Todesstrafe bzw. die Verachtung der Leute und heiratet sie (cf. Lev 20,13 mit Röm 1,26 f. und Mk 9,42). Diese für Juden bis zum heutigen Tage schwer verdauliche Kost wird noch verstärkt durch die Rede Jesu: „...die Zöllner und Dirnen kommen eher in das Reich Gottes als ihr..." (Mt 21,31b und Lk 18,9 ff).

197 cf. Mt 11,19; 12,32; 16,27; 24,30 par.

198 Joh 8,19 ff.

199 Mt 11,27 f.

200 Joh 8,58.

201 Joh 10,30.

202 Joh 10,31-38.

203 Lk 2,34.

204 Mt 5,21 ff.

205 Mt 15,17 f.

206 Lk 4,32; Mt 7,28.

207 Lk 4,22; Joh 7,15.

208 Mt 13,53-58.

209 Mt 5,15.

210 Lk 11,34 f.

211 Mt 6,,13; 6,22 ff; Mk 4,21 f; Lk 11,33.

212 Joh 5,2 ff.

213 Joh 9,2 ff.

214 Mk 2,1 ff.

215 Die angeblichen „Freunde und Parteigänger Gottes" kennen die Ausgangslage nicht, und interpretieren deshalb Hiobs Verhalten falsch (cf. Hiob 2,11 ff; 8,1 ff; 15,1 ff usw.).

216 Weish 2,23 f.

217 Mt 17,20.

218 Joh 4,48.

219 Harald Grochtmann [*1938], in: „Unerklärliche Ereignisse..." (Vorwort).

220 Lk 24,26.

221 Gen 3,7 ff.

222 – weshalb Jesus ihn auch als den „Menschenmörder von Anbeginn" nennt (cf. Joh 8,44).

223 cf HP 6, S. 496 ff.

224 Apk 12,1 f.

225 Gen 37,6-10.

226 cf. Apk 12,3-6.9.

227 Via *twitter* und *facebook* hat Daniel J. Radcliffe sein Echo gegeben (cf. Cover-Vorderseite dieses Buches): er verbindet das „Horkrux"- und Christus- Kreuz-Thema persönlich-öffentlich...

228 Diese Todes-Strafe wurde nur Nicht-Römern zuteil.

229 cf. Lk 23,33 par.

230 Joh 19,12.

231 Mt 27,37; Joh 19,19 ff.

232 in: „Bruder Jesus" (S. 180).

233 Joh 19,30.

234 Joh 2,1-12.

235 Joh 15,1 ff.

236 Joh 17,1.

237 Mt 4,1-11 par.

238 cf. HP 7, S. 713 ff.

239 cf. Mk 12,18-27.

240 HP 7, S. 707.

241 cf. Mt 8,22; Mk 5,39; Lk 16,19-31; Joh 11.

242 Joh 21,4-12.

243 cf. Lk 24,13-35.

244 cf. Lk 22,19 f. par (i.V.m. Ps 104[103],14.

245 Joh 21,1 ff.

246 „Kirche" als Person – und „Über-Person" – unterscheidet sich von Kirche(n) als Institution(en): „Das Ewige Leben ist nicht den Orden verheißen worden, sondern den Einzelnen in ihnen!" (Josef Theodor Rath [1900-1993] CSSp).

247 Apk 7,4.

248 Adrienne von Speyr [1902-1967]: „*Das System der Zahlen ist erdacht und geschenkt als Merk- und Erkennungszeichen...*" (in: „Das Fischernetz" / S. 27).

249 „Der Weg ist das Ziel" – „Irrtum ausgeschlossen?!"

250 s. Anm. 7.

251 Mk 12,13-17 par.

252 Josef Kardinal Ratzinger [*1927] in seiner Ansprache als Erzbischof von München-Freising anlässlich der Einführung des Limburger Weihbischofs Gerhard Pieschl als neuem Verantwortlichen für die Katholische Polizeiseelsorge seitens der DBK (in „St. Cajetan" – „Theatinerkirche" – am 8. Mai 1979).

253 J. Goldbrunner [1910-2003] (cf. „Gesundheit und Heiligkeit" von J. Rudin, in: „Orientierung" – Nr. 9/1952, S. 97 ff.).

254 s. Anm. 113.

255 s. Anm. 7 und 8.

256 K. Nitzschmann, in: „Die phantastische Welt..." (S. 8 f).

257 – der Mensch ist Frucht sexueller Begegnung, und als solche sitzt sie ihm „faszinativ in Fleisch und Blut"...

258 cf. Mk 9,2-13 par.

259 cf. Hiob 38,7.

260 cf. Ps 110[109], 3; 2,7.

261 Josef Kardinal Ratzinger als Erzbischof von München-Freising in seiner Ansprache anlässlich der Einweihung der Zugspitzkapelle am 11.Oktober 1981 (in: „Garmisch-Partenkirchen und Grainau – Zugspitzkapelle", Regensburg 2015³, S. 8-10).

262 Mt 17,1-13; Mk 9,2-19; Lk 9,28-36.

263 Ex 19,16 ff; 20,1-23 (Der Dekalog bringt 10 Gebote; in dieser Zahl ist das Verhältnis zwischen Gott und auserwähltem Volk erfüllt!).

264 2 Kg 2,1-12.

265 Joh 5,21-30 – s. Anm. 260.

266 Mt 17,9.

267 s. Anm. 259.

268 s. Anm. 146.

269 Apk 1,9-18.

270 Mt 17,27; Lk 17,24.

271 Apk 1,9-18.

272 Josef Pieper [1904-1997].

273 Mt 27,2 f par.

274 Gen 3,4 f .

275 Gen 3,8 ff.

276 Joh 21.

277 2 Petr 1,19-21.

278 Joh 21,20-24.

279 Apk 1,9-18.

280 cf. Hans-Urs von Balthasar [1905-1988], in: „Unser Auftrag".

281 a.a.O.: „*Dieses Buch hat vor allem den einen Zweck: zu verhindern, dass nach meinem Tod der Versuch unternommen wird, mein Werk von dem Adriennes von Speyr zu trennen. Es beweist, dass dies in keiner Hinsicht möglich ist, weder was die Theologie noch was das begonnene Institut angeht …*" (S. 15)

282 in: „Das Fischernetz" (S. 26 f).

283 a.a.O., S.20.

284 Apk 13,18.

285 HP 1, S. 235 f.

286 HP 1, S. 239 f.

287 Rudolf Gerber [*1926], in: „Der wahre Stein der Weisen" (S.6).

288 in: „Das Fischernetz" (S. 27) – i.V.m. Apk 11,1 f.

289 Gen 2,1-3 (i.V.m. Gen 37,9-11 und Apk 12,1).

290 cf. HP 7, S. 660-666.

291 Von 1933 bis 1945 – 12 Jahre!

292 Die Zeitspanne der jeweiligen Verfolgung ist bei Herodes in voller Kenntnis der Bezugnahme gegeben, bei der NS-Juden-Verfolgung jedoch nicht?

293 – diese „Kontrapunktik" erinnert Harry und Voldemort.

294 TdCh 2, S. 239 ff.

295 cf. Mt 23,9: „Ihr sollt niemanden auf Erden euren Vater nennen".

296 – diese konzentrierte „Glücks-Essenz" entwertet den Begriff von „Glück"?

297 TdCh 2, 239 [224].

298 Georges Bernanos [1888-1939].

299 Sigmund Freud [1856-1939].

300 cf. Yigal Blumenberg [*   ] (Lit.-Verzeichnis).

301 in: „Das Unbehagen in der Kultur")S. 78 / Anm. 1).

302 So Johannes - Robert Lütticken, OSB [1938-2017], Trier.

303 TdCh 2, S. 275 [261].

304 a.a.O.

305 a.a.O.

306 a.a.O.

307 Nikolaus Monzel [1906-1960]. Näheres zur Person in: „Münchener Theologische Zeitschrift – 100 Jahre Nikolaus Monzel" (57.Jg. – Heft 2/2006).

308 In: „Der Jünger Christi und die Theologie" (S. 7; 10 / cf. S. 64 ff).

309 a.a.O.

310 Zarko Petan [1929-2014].

311 „Kings Cross" bzw. „King's Cross" – beide Schreibweisen sind korrekt – ist einer der Londoner Hauptbahnhöfe. Der Name ist abgeleitet von dem in der Nähe befindlichen Denkmal für König Georg IV. Das Gelände des Bahnhofs war früher einmal mit einem Spital bebaut gewesen. 1852 wurde der Bahnhof feierlich eingeweiht und seiner Bestimmung übergeben. Zur Freude aller „Harry Potter"-Fans hat man 2012 an der Außenmauer neben dem Eingang eigens ein Gleis 9 ¾ bezeichnet und einen Gepäckwagen dazugestellt.

312 – was ja schon allein der Seitenumfang der 7 Bücher bezeugt!

313 John Henry Newman [1801-1890].

314 in: J. Knobloch – „Die zauberhafte Welt..." (S. 101).

315 a.a.O.

316 s. Anm. 69 („... *bei meiner Rückkehr in meine Wohnung ... begann ich zu schreiben...*").

317 a.a.O.

318 Apk 11,3-7.

319 s. Anm. 69.

320 TdCh 6 (S. 87).

321 Eckart von Hirschhausen [*1967], in: „Wunder wirken Wunder" (S. 24 und 28 f).

NOTIZ :

Die Texte der Bibel wurden samt Abkürzungen in aller Regel entnommen der „Jerusalemer Bibel – Die Heilige Schrift des Alten und Neuen Bundes" (Freiburg/Breisgau 1968²).

LITERATUR-HINWEISE.

Abkürzungen bezeichnen die folgenden Titel / Autoren / Autorinnen:

- BB: „Die Märchen von Beedle dem Barden".
- GvLF: Gertrud von Le Fort.
- HvB: Hildegard von Bingen.
- HP: „Harry Potter und …".
- TdCh: Pierre Teilhard de Chardin.

Aurelius Augustinus   „Bekenntnisse" (Frankfurt/M. und Hamburg 1961[6]).

Bassham, Gregory   „Die Philosophie bei Harry Potter" (Weinheim 2010)

Ben-Chorin, Schalom   „Bruder Jesus – Der Nazarener in jüdischer Sicht"
                       (München 1986[9]).

Blumenberg, Yigal   „Der Auszug aus Ägypten bleibt unser Ausgangs-
                       punkt – Die verborgene Tradition in Sigmund
                       Freud's ‚Der Mann Moses und die monotheistische
                       Religion'" (Frankfurt/M. 2012).

Böhles, Michael   „Garmisch-Partenkirchen und Grainau – Zugspitz-
                       Kapelle" (Regensburg 2015[3]).

                       „Die Last der andern tragen" (Ulm 1984[3]) /
                       „Stationen" (Rottenburg 2010).

                       „Traube zerstossen tröstet als Wein" (Köln 1979).

Buber, Martin   „Die fünf Bücher der Weisung – verdeutscht von
                       Martin Buber gemeinsam mit Franz Rosenzweig"
                       (Heidelberg 1979 [9]).

„Recht und Unrecht – Deutung einiger Psalmen" (Gerlingen 1994²).

Ciaccio, Peter „Harry Potter trifft Gott – Das Evangelium von Hogwarts" (Neunkirchen-Vluyn 2012).

Comfere, Karin „Interpretation zu Band 1 des Jugendbuches von Joanne K. Rowling – Modelle für den Literatur-Unterricht 5-10" (München 2010).

Cuénot, Claude „Pierre Teilhard de Chardin – Leben und Werk" (Olten 1966).

Delp, Alfred „Im Angesicht des Todes" /Freiburg/Brsg. 1958)

de Lubac, Henri „Teilhard de Chardins religiöse Welt" (Freiburg/ Brsg. 1969).

Fraser, Lindsay „Viel Zauber um Harry – Die Welt der Joanne K. Rowling" (Hamburg 2001).

Frei, Gebhard „Probleme der Parapsychologie"(Paderborn 1969)

Freud, Sigmund „Abriss der Psychoanalyse / Das Unbehagen an der Kultur" (Hamburg 1953).

Frommel, Chr. L. „Michelangelo – Marmor und Geist" (Regensburg 2014).

Gerber, Rudolf „Wahrer Stein der Weisen" (Norderstedt 2012).

Goldbrunner, Josef „Individuation" (Freiburg/Brsg. 1966³).

Grabner-Haider, Anton „Praktisches Bibellexikon" (Freiburg/Brsg. 1969).

Grochtmann, Harald „Unerklärliche Ereignisse, überprüfte Wunder und juristische Tatsachenfeststellung" (Langen 1990³). Mit einem Vorwort von Klaus Adomeit, em. Prof. für Rechtstheorie.

Haas, Adolf	„Teilhard de Chardin – Lexikon in zwei Bänden / Grundbegriffe, Erläuterungen,Texte" (Freiburg/Brsg. 1971).
Hilpert, Konrad	„100 Jahre Nikolaus Monzel" (Münchener Theologische Zeitschrift" – Heft 2/2006 (St. Ottilien 2006).
	„Christliche Sozialethik an der LMU München" (Band 4 der Reihe KMUniversum / München 2007).
Hoff, Gregor M.	„Gefährliches Wissen?" (Salzburger Hochschulwochen 2013 / Innsbruck-Wien 2013).
Horn, Otto	„Schöpfung und Evolution – Eine Tagung mit PapstBendikt XVI. in Castel Gandolfo" (Augsburg und Rom 2007).
Isshiki, Yoshiko	„Der Weg nach Bethlehem" – mit einem Vorwort von Papst Benedikt XVI. (Donauwörth 2005²).
Jordan, Michael	„Nostradamus und das neue Millenium" (Bindlach 1998).
Klementowski, M.	„Revolutionär, Reaktionär, Visionär? Annäherungen an Johannes Paul II." (Trier 2014).
Knobloch, Jörg	„Die Zauberwelt der J.K. Rowling – Hintergründe & Facts zu ‚Harry Potter'" (Mülheim/Ruhr 2000).
	„ ‚Harry Potter' in der Schule – Didaktische Annäherungen an ein Phänomen" (Mülheim/Ruhr 2001).
	„Fantastische Geschichten lesen von …" (Lichtenau 2007).
Koth, Christian	„Das Magische Wörterbuch Englisch-Deutsch – Nützliche Vokabeln für Harry Potter Fans" (Braunschweig und Erlangen 2002).

Kuby, Gabriele — „Harry Potter – Gut oder Böse?" (Kisslegg 2003).

Lehmann, Johannes — „Das Geheimnis des Rabbi J. Was die Urchristen versteckten, verfälschten und vertuschten" (Hamburg 1990).

Lewis, C.S. — „Die große Scheidung" (Einsiedeln 1980).

„Die Perelandra-Trilogie" (Moers 2005).

Luciani, Albino — „Ihr ergebener... - Briefe an Persönlichkeiten" (München 1978).

May, Rollo — „Der verdrängte Eros – Die sexuelle Revolution und der neue Puritanismus. Liebe und Wille in einer schizoiden Welt. Was ist Eros? Liebe und Sex als Paradoxa" (Hamburg 1970).

Mertes, Klaus — „Verlorenes Vertrauen – Katholisch sein in der Krise" (Freiburg/Brsg. 2013).

(Michelangelo) — „Michelangelo Buonarroti – Bildhauer, Maler, Architekt, Dichter" (Wiesbaden und Novara 1966).

Monzel, Nikolaus — „Der Jünger Christi und die Theologie – Untersuchungen über Art und Ort des theologischen Denkens im System der Wissenschaften" (Freiburg/Brsg. 1961).

Neusner, Jacob — „Ein Rabbi spricht mit Jesus" (Freiburg/Brsg. 2007).

Nitzschmann, Karin — „Die phantastische Welt des Harry Potter – Analyse des siebenbändigen Entwicklungsromans" (Frankfurt/M. 2007).

Oster,St. / Seewald, P. — „Gott ohne Volk? Die Kirche und die Krise des Glaubens" (München 2016).

190

Pagels, Elaine „Apokalypse – Das letzte Buch der Bibel wird entschlüsselt" (München 2013).

Püttmann, Andreas „Gesellschaft ohne Gott – Risiken und Nebenwirkungen der Entchristlichung Deutschlands" (München 2011³).

Ratzinger, Joseph „Der Segen der Weihnacht – Meditationen" (Freiburg/Brsg. und Rom 2005²).

Ravaglio, Lorenzo „Die Geheime Botschaft der Joanne K. Rowling – Ein Schlüssel zu Harry Potter" (Stuttgart 2010²).

Rowling, Joanne K. HP 1 (Hamburg 1998; illustriert 2015).

HP 2 (dto., 1999; illustriert 2016).

HP 3 (dto., 1999; illustriert 2017).

HP 4 (dto., 2000).

HP 5 (dto., 2003).

HP 6 (dto., 2005).

HP 7 (dto., 2007).

BB (dto., 2008).

„Quidditch im Wandel der Zeiten" (dto., 2010).

„Phantastische Tierwesen und wo sie zu finden sind" (dto., 2010).

Schipperges, Heinrich „Hildegard von Bingen – Ein Zeichen für unsere Zeit" (Frankfurt/M. 1981).

Scholem, Gershom „Die jüdische Mystik in ihren Hauptströmungen" (Frankfurt/M. 1980).

Schöneseifen, Laura	„ ‚Harry Potter und die Heiligtümer des Todes' und die Parallelen zum Nationalsozialismus" (München 2012).
Schüller, Bruno	„Gesetz und Freiheit" (Düsseldorf 1966).
	„Der menschliche Mensch – Aufsätze zur Meta-ethik und zur Sprache der Moral" (Düsseldorf 1982).
Seifermann, Hermann	„Der Kult Israels in seinen Hauptbegängnissen zur Zeit Davids" (München und Wiesmoor 2014).
Senker, Cath	„J.K. Rowling – Creator of Harry Potter" (Way-land/Australien 2012).
Shapiro, Marc	„J.K. Rowling – Die Zauberin hinter Harry Potter – Eine unautorisierte Biografie" (Nürnberg 2000).
Teilhard de Chardin, Pierre	„TdCh 1 – „Entwurf und Entfaltung" (Freiburg und München 1963).
	TdCh 2 – „Der Mensch im Kosmos" (München 1969).
	TdCh 3 – „Comment je crois" (Paris 1969).
	TdCh 4 - „Mein Glaube" (Olten 1972).
	TdCh 5 - „Comment je vois" (Les Moulins 1948).
	TdCh 6 - „Auswahl aus dem Werk" (Hamburg 1968[3]).
	TdCh 7 - „Frühe Schriften" (Freiburg und München 1968).

TdCh 8 - „Das Göttliche Milieu" (Olten 1969[7]).

TdCh 9 - „Lobgesang des Alls" (Olten 1980[6]).

TdCh 10 - „Aufstieg zur Einheit – Die Zukunft der menschlichen Evolution" (Stuttgart und Olten 1974).

Thum, Agnes	„Schutzengel – 1200 Jahre Bildgeschichte zwischen Devotion und Didaktik" (Regensburg 2014).
Vollmer, Gerhard	„Im Lichte der Evolution. Darwin in Wissenschaft und Philosophie" (Stuttgart 2017).
von Balthasar, H.-U.	„Unser Auftrag" (Freiburg 2004).

von Bingen, Hildegard   HvB 1 – „Wisse die Wege" (Salzburg 1975[6]).

HvB 2 – „Welt und Mensch" (dto., 1965).

HvB 3 – „Die Welt der Engel" (dto., 1979[2]).

HvB 4 – „Naturkunde" (dto., 1974[2]).

HvB 5 – „Heilkunde" (dto., 1957[2]).

HvB 6 – „Das Buch von den Steinen" (dto., 1979).

HvB 7 – „Der Mensch in der Verantwortung" (dto., 1972).

HvB 8 – „Lieder" (dto., 1969).

HvB 9 – „Briefwechsel" (dto., 1965).

von Le Fort, Gertrud

GvLF 1 - „Hymnen an die Kirche" (München 1924).

GvLF 2 - „Hymnen an Deutschland" (München 1932).

GvLF 3 - „Der römische Brunnen"
Teil 1: „Das Schweißtuch der Veronika"
Teil 2: „Der Kranz der Engel"
(Regensburg und München 1928/1946).

von Hirschhausen, E.   „Wunder wirken Wunder" (Reinbek 2016).

von Speyr, Adrienne   „Das Fischernetz" (Einsiedeln 1969).

194

„Zwischen Alpha + Omega: Der Auferstandene im Grauzonenbereich" (Plastik von E. Lentes).

Außenseiter und Auserwählter

Harry-Potter-Autorin Joanne K. Rowling wird 50 Jahre alt

Von Barbara Driessen

Joanne K. Rowling steht für einen beispiellosen Erfolg: Millionen Leser hat sie mit ihren Harry-Potter-Geschichten verzaubert. Mit der Geschichte des auserwählten Jungen schrieb sie auch gegen eigene Traumata an, meint Psychiater Peter Subkowski.

Mit den Romanen über den Waisenjungen und Zauberlehrling Harry Potter hat Joanne K. Rowling eine „Pottermanie" ausgelöst. Weltweit sind bislang mehr als 450 Millionen Exemplare der sieben Harry-Potter-Bände verkauft worden, davon über 30 Millionen in deutscher Sprache. Die Verfilmung der Buchvorlage ist mit einem Gesamteinspielergebnis von 7,7 Milliarden Dollar die kommerziell erfolgreichste Filmreihe.

Joanne K. Rowling war alleinerziehende Mutter eines Kleinkindes und lebte von Sozialhilfe, als sie den ersten Band schrieb. Harry Potter soll sie zur Milliardärin gemacht haben – was sie allerdings abstreitet.

„Sie hat einfach einen Nerv getroffen"

Wie hat Rowling, die am 31. Juli 1965 im englischen Yate in der Grafschaft South Gloucestershire geboren wurde, das nur geschafft? „Sie hat einfach einen Nerv getroffen", sagt Jonas Hahn (27), der im Jahr 2001 als 13-Jähriger zusammen mit einem Freund Deutschlands größte

Die Schnee-Eule Hedwig ist Harry Potters Haustier und gleichzeitig die Botin zwischen der Zauberwelt und der Welt der Muggel, wie die normalsterblichen Menschen in der Zaubersprache heißen. Foto: kna-bild/Reuters

Harry-Potter-Fan-Website gründete und sie immer noch betreut (www.hp-fans.de).

„Sie bedient sich eines Genres, das sich zwischen Fantasy, Krimi und Schulgeschichte bewegt. Und das funktioniert." Zudem, sagt Hahn, durchlaufe der Roman eine interessante Entwicklung: „Die Bücher machen einen enormen Sprung vom ersten Band, bei dem es sich um ein Kinderbuch handelt, zu einem grausamen Thriller am Ende des letzten Bandes, der ohne Zweifel zur Erwachsenenliteratur gehört. Und so packt sie nicht nur jugendliche Leser, sondern auch deutlich ältere gleichermaßen."

Das große Geheimnis von Rowlings Erfolg sei eigentlich gar kein Geheimnis, sagt Tobias

Sie hat es weit gebracht, die Harry-Potter-Autorin Joanne K. Rowling. Aus der Sozialhilfeempfängerin wurde eine erfolgreiche Schriftstellerin. Am 31. Juli wird sie 50 Jahre alt. Foto: Wikimedia/Daniel Ogren

Kurwinkel, Leiter des Arbeitsbereichs Kinder- und Jugendliteratur an der Universität Bremen: „Harry Potter ist sowohl in seiner Struktur als auch seiner Motivik eigentlich völlig im Einklang mit allem, was wir so in der Kinder- und Jugendliteratur kennen", erläutert der Wissenschaftler, der auch Harry-Potter-Seminare gibt.

Christliche Motive in den Romanen verarbeitet

Harry sei gleichzeitig Außenseiter und Auserwählter, wodurch er seinen Lesern viel Identifikationsfläche biete. „Rowling geht hier ganz klassisch vor", sagt Kurwinkel. „Harry ist Vollwaise, hat keine Freunde, wächst dann zu einer Art Messias, der mit seinem Zauberstab Wunder vollbringt und der Einzige ist, der die Welt vor dem Bösen retten kann." Christliche Motivstrukturen zögen sich durch den ganzen Roman, sagt Kurwinkel. „Harry wird etwa einmal wie Moses in einem Körbchen ausgesetzt. Und er überwindet am Schluss sogar den Tod, während Voldemort, der seine Seele verkauft hat, von Anfang an dem Untergang geweiht ist."

Für den Psychiater und Psychotherapeuten Peter Subkowski aus Bad Essen bei Osnabrück liegt der Grund für den Erfolg der Bücher darin, dass „es Rowling gelingt, ein zeitlos wirkendes Märchen zu schreiben". Es beschreibe „die archetypische Bewältigung eines Traumas mit

anschließender erfolgreicher psychischer Entwicklung": Aus dem unsicheren und durch den Verlust der Eltern traumatisierten Außenseiter wird der gereifte Held, der die Welt errettet.

Subkowski erkennt darin deutliche autobiografische Züge. So verarbeite Rowling in ihrem Werk auch eigene Traumata: „Sie hatte in der Schule selbst große Probleme und war Außenseiterin. Und als sie 1990 mit einem Band arbeitete, war gerade ihre Mutter im Alter von nur 45 Jahren gestorben", erläutert Subkowski, Ärztlicher Direktor des Paracelsus-Therapiezentrums in Bad Essen.

Vom Buch zum Film und jetzt auf die Bühne

Rowling ist längst zu ähnlichen Höhen aufgestiegen wie ihr Romanheld: Aus der ehemaligen arbeitslosen Sozialhilfeempfängerin ist eine reiche Frau geworden, die offenbar auch privat ihr Glück gefunden hat: Seit 2001 ist sie mit dem Arzt Neil Murray verheiratet – und zur Familie gehören inzwischen drei Kinder. Über die Wohltätigkeitsorganisation Lumos unterstützt sie Hilfsprojekte für Kinder und schreibt mittlerweile auch Bücher für Erwachsene, unter dem Pseudonym Robert Galbraith.

Aber ganz lässt Harry sie nicht los: Im Juni kündigte Rowling an, dass im Sommer 2016 ein Theaterstück in London Premiere feiern wird: „Harry Potter und das verwunschene Kind".

DER VERFASSER:

Michael Böhles, P. Mag.theol. CSSp, geb. 1943 in Darmstadt, Studien an den PTHS Knechtsteden und Chevilly/Paris (CSSp) sowie „St. Georgen"/Frankfurt a.M. und an der Theol. Fak. der Universität Innsbruck; Absolvierung des dortigen Past.-Psych. Hochschul-Lehrgangs. Von September 1972 bis Ende 1973 Mitarbeiter und Dozent an der „Thomas Morus Akademie" Bensberg (Bergisch-Gladbach) sowie a.o. Bildungs-Referent am „Heilig-Geist-Gymnasium" Broichweiden (Würselen). Seit 1974 freigestellt für die außerordentliche Bildungsarbeit (Themen-Bereiche: Anthropologie, Biblische Theologie, Spiritualität und Psychologie, Religion und Wissenschaft, Kunst und Kultur) sowie Seelsorge (u.a. Exerzitien-Leitung). Autor. Fallweise als freier Mitarbeiter für Verlage (Ko-Lektor / Beratung) tätig.